三砂ちづる

女が女になること

藤原書店

女が女になること　目次

I　子どもを産む

第1章　出産の場にたちあがるもの……………………11

宿命としての母親　11
「生きづらさ」と母　14
「母性」とは何か　17
渡辺京二の「生の原基」――すべての人間に現れる可能性のある「母性」　21
出産経験の記録をたどる　24

第2章　〝豊かな出産経験〟――科学的根拠の可能性と限界…………32

母性のスイッチが入るような〝豊かな出産経験〟がある　32
「快適」「満足」だけではない出産　35
出産体験に関する調査　38
「科学的根拠」をどう使い、どう語るのか　49

第3章　日本の開業助産所は何をするところか……55
映画“MicroBirth”が提起する問題　55
日本の開業助産所でおきていること　59

II　〝生殖〟のからだを生きる

第4章　母乳哺育……83
母乳の出ないケアをしているから、母乳が出ない　83
日本の「粉ミルク」の特殊性　88
「粉ミルクの方が元気に育つ」の嘘　91
「カンガルーケア」――赤ちゃんとのふれあい　96
母乳哺育期間の環境整備と、避妊効果について　100

第5章　「母性保健」と「科学的根拠」――AMTSLを例として……103
開発途上国の現場で起こっている、ある現象　103

医療の科学的根拠とは？ 105
研究のはじまりは、研究者の「意図」 108
「分娩第三期における積極的管理」の危険性 112
AMTSLをめぐる経緯 115
「科学的根拠」の負の側面 120

第6章 「リスクと不安」から考える……123

乳房温存？ 123
「リスクと不安」 127
一つ目の対応――医療の側からできること 133
二つ目の対応――女性の側からできること 137

第7章 妊娠中絶……145

「安全ではない中絶」 146
胃潰瘍の薬を妊婦が服用 148
中絶が違法の国での質問票調査 152
より安全な治療のために 156

「リプロダクティブ・ヘルス」「リプロダクティブ・ライツ」 158
ローカルヒーラーによる優しいシステム 161
ヤノマミ――解決できぬ課題 164

III 女の朝夕から

第8章 三歳児神話と軒遊びの喪失 …… 169
「科学的根拠」は何のために示すか 169
「三歳児神話」とはなにか 171
『厚生白書』と三歳児神話 174
お母さんたちの声を聞く 177
母が得たもの、子どもが失ったもの 180
軒遊びの喪失 184
第9章 「排泄」に応えることから …… 190
軒遊びと排泄 190

「排泄」に応える 195
おむつはずしとおむつなし育児 197
「おむつなし育児」の研究結果から 200
子どもの成長 205

第10章 家庭内業績主義……213
「女性保護」の解体 213
「妊娠出産より賃金労働が大切」か？ 218
「公的領域」と「私的領域」を分けた近代社会 220
どうやって女性を生きていったらいいのか 223
家事労働は「いやなこと」か？ 225
人生の楽しみや喜びはどこにあるか 229

祈りと家事の日常——あとがきにかえて 233

注、引用文献 241

女が女になること

〈付記〉

本書は、学芸総合誌・季刊『環』五一号（二〇一二年秋）～六〇号（二〇一五年冬）（藤原書店刊）の連載「生の原基としての母性」（全一〇回）を構成し、加筆修正を加え、単行本としたものである。

Ⅰ　子どもを産む

第1章　出産の場にたちあがるもの

宿命としての母親

わたしたちはみな、赤ちゃんであったし、子どもであった。ひとりのこらずそうなのであるが、わたしたちの多くはそのころのことを忘れている。忘れざるを得ないし、忘れることが適応であるし、忘れることが幸せでもある。何でも覚えていて、忘れることがなければ、わたしたちは生きてはいけまい。自我が芽生え、自分の世界がひろがり、高度に近代化した現在に適応するために、いかに多くの知識と情報を身につけなければならないことだろう。幼い頃の記憶をすべて覚えているわけにはいかないのだ。パソコンに新しい情報をどんどん追加して、今使っている情報を使いやすいようにわかりやすい場所におく。古い情報はどんどん膨大なデータ群の奥にうずもれて、忘れられてしまう。それと同じだと思う。今を生きるために必要な情報を前面に出して生きていくために、幼い頃の記憶は一人一人の奥深くにしまいこまれていて、手に取るように思い起こされることはない。

しかし、生まれてから一歳までの、あるいは三歳ごろまでの、自らの記憶、具体的に言えば、自分がどのように育ったか、親は自分とどのように関わったのか、それはその後の人生に拭いがたく大きな影響を及ぼす。そんなことは当たりまえのことではなかろうか。母の胎内で育つときに、母親が食べるものもなくて十分な栄養をとることができなければ、胎児は十分な発育が難しくなる。おなかのなかにいるときに、母が妊娠しない方がよかった、どうやって妊娠を隠そうか、どうやってこっそり産もうか、生まれてきたらどうすればよいのか、そうやって悩み続ければ、母親の心身に直接に何らかの影響をおよぼす。母親の心身の変化は胎内環境に直接影響している。出産の経験がよろこびに満ちたものであれば、生まれた子どもはそのようなよろこびの体験をもたらしたものとして母親に知覚されるであろうが、心ない言葉をかけられ、ひどい精神的・身体的苦痛のもとでお産をすれば、生まれた子どもをうれしいとは思っても、矛盾した感情はどうしても残ってしまう。それが母親の子どもに対する態度に影響しないと、どうしていえよう。生まれてからも、自分にとって匂いも声も慣れ親しんだものである母親が、そばにいて自分に微笑みかけてくれれば、それはそれは安心することだろう。この子がいるから、わたしは苦しい、と母親が思っていれば、母親の態度におそらく反映するし、子どもはそれを知覚せざるを得ない。

子どもにとって親は宿命である。生まれたときに自分の親がすでにいなければ、それもまた、宿命である。生まれついた時代と場所で、完全な人間ではなく、限りある存在であるしかない親に、影響を受けるしかない。もちろん人間は多様な存在であり、たくましい存在であり、環境と過去を乗り越えていく力を持ち得る存在であるから、宿命としての親を乗り越える力はあり、それがまたそれぞれの人生の課題であったりするのだが、どちらにせよ、親は宿命、さらにまた、母親はとりわけ宿命である。胎児のうちは母親と文字通り一体であり、生まれてからは、なつかしい匂いと声をもつおかあさん。その人が自分に対してどのようにふるまっているか、ということが人間の基本的な対人態度の基礎を作る。こういったことに、いわゆる「科学的根拠」をあげることはできているが、あげるまでもない、ということもまた、多くの人に感知されている。当然のことと思う。

「生きづらさ」と母

大人になってからの自らの生きづらさが語られるとき、自分の親、とりわけ母親との関係が取り上げられることが多くなっている。たとえば、「アダルトチルドレン」は、一九七〇年代にアメリカで使われ始めた言葉である。精神医学の領域で使われる専門用語ではなく、福祉の現場でアルコール依存症の親に育てられた子どもたちをさす言葉であったようだが、日本では一九九〇年代以降、「機能不全家族」のもとで育ったと考えることにより、成人しても生きづらさを抱える人たちによって、自称されるようになった。学術的にはみとめられていないが、二〇〇〇年を過ぎた頃には多くの若い、とりわけ、女性たちが「自分はアダルトチルドレンだと思う」と言っていたし、「母親とうまくいかない、わたしはAC（Adult Children）だ」という言い方がされはじめていた。自分が親との関係によって傷をかかえ、そのことによって、今が苦しい、ということを語るとき、これは便利な言葉であったのだろう。

「見捨てられ不安」という言葉もよく使われてきた。こちらは精神医学分野では、境界性パーソナリティ障害の主たる症状である「現実に、または想像の中で見捨てられることを避けようとする気も狂わんばかりの努力」のことであるが、現実には境界性パーソナリティ障害と診断されていない一般の人たちの中にも、このような「何をやっても自分は他の人から見捨てられるのではないか」という感情は、自分のことをよくあらわしている、と感じる人が少なからず存在している。アダルトチルドレン、とおなじような使われ方をしている。

「アダルトチルドレン」にせよ、「見捨てられ不安」にせよどちらも幼少時の親との関係に起因して、自分が生きづらい、ということを口にしたいときには、専門用語としての精密な使い方から離れて、「便利」に使われているわけである。

何がいいたいのかというと、このような精神医学由来の言葉を使うことによって、「自分の生きづらさは、とりもなおさず、幼い頃の親との関係と、育ってきた環境による」ということに同意する人は少なくない、ということである。このことについてさしあたり女性だけに限ってみてもいい。親との関係のつらさから、カウンセリングや自助グループに参加している女性はわたしの周囲にもいる。学歴も高く社会的評価の高い職業についている女性たちで親との葛藤、とりわけ母親との葛藤を口にする人は、多いのである。そういうことを言ってもいまや「親に失礼だ」とかいわれることはないし、「顰蹙《ひんしゅく》を買う」ということにもならないし、むしろ「お母さんのことであなたも大変だったんだね」と共感を呼ぶ。意識も学歴も高い女性たちの間で、「わたしは母親の影響を受けていて、それは肯定的な影響ではなくて、母親のせいでわたし自身はつらい目にあっている」と言うことは、いま、比較的、「ポリティカリーコレクト」な言葉遣いなのである。

先日、話をする機会があった四〇代くらいのたたずまいが美しく聡明で、りっぱな職業に就いておられる女性も、「母親のことが重く、苦しかった。カウンセリングを受けて、母のことはもう、離れること、忘れることだ、とわかった」と言っていた。母は重く、忘れたいものであるという。「母」は宿命である、ということを口にすることは、母が否定的な感情を呼び起こす限りにおいて、現代の女性たちに肯定的にうけいれられているわけである。ここでの母との葛藤の根幹にあるのは「母によって管理的に何かをさせられた」、「本当は自分はそういうことがいやだったのに、自分のあるがままを受け止めてもらえなかった」、「母は自分の価値観をおしつけてきた」という強圧的な母の姿である。娘たちは、母親から「あるがままで受け止められたかったが、受け止めてもらえなかった」ことによって今が生きづらい、と言っている。

母と娘の関係性について、母娘関係尺度作成、という研究をしたことがある。[1] 母と娘の関係性において「親密」「支配」「服従」「受容」という因子を抽出して、質問票上で関係性が測定可能なようにしたものであるが、もちろん母娘関係が良好であるときは「親密」や「受容」の点数が高くなる。上記の生きづらい娘たちは、親密で受容に富む母親を求めて得られなかった、というのである。この「母に親密に受け止められる」ということこそが、彼女たちが得られなかった、と言うものこそが、「母性」そのものであり、彼女たちは母親に「もっと母性をもって接してほしかった」といっているのではないのか。

「母性」とは何か

しかし、ひとたび「母」についての話が「母性」という言葉になると、話はちがってくる。二〇一五年現在三十代、四十代くらいの女性と話をしてみるとよくわかる。自分たちは、自分を育てた母に、「受容」と「親密」をもとめ、それが得られず、「支配」と「服従」の関係であった、と感じている。同時に、「母性」というものはなく、「母性」は自然な性質ではなくて、生理学的宿命でもなく、制度として女性に押しつけられたものである、という言説を所与のもの、としている。自分は幼い頃からの母親との関係に傷ついてきた、という。同時に、「母性」はもともと女性にはない、という。これはいったいどういうことなのか。矛盾しているのではないか。「母性」というのは、小さな力弱きものをいとおしくてたまらないと感じ、あるがままで受け止めることではないのか。それを自分たちが得られなかったことを苦しんでいるのではなかったのか。苦しみつつ、しかし、それは本当はないもので、制度や社会に押しつけられたものである、というのはつじつまがあわないのではないのか。

「子どもは三歳までは母の手でそだてられるほうがよい」という「三歳児神話」には科学的な裏付けはなく、「現代の女性の多くは職業経験その他を通じて自らのアイデンティティを『母であること』だけに求められるような心性からは脱却しつつある」(2)のに、そんな女性たちでさえもが「自分の手で子どもを育てないと子どもがかわいそう」という発想から解放されないのは、政治的社会的背景にそういう発想をもとめるものがあるからだ、といわれている。なにが、自然で先天的で、本能であるか、ということはそれ自体では存在せず、それを自然で本能である、と規定する社会的実践や言説によって、構成されていく、というわけだ。そしてそれが、母性について、現在、「ポリティカリーコレクト」な言説なのである。

先日、実際に、ある大学院の公開ゼミナールにおいて保育についての話題が議論されたとき、「子どもの視点からみれば、幼い子どもは保育所にいるより家にいたいと思うのではないか」という意見が出されたとき、その発言は、ほぼ失笑でむかえられた。そのような科学的根拠はない、生まれてからの数年でいろいろなことが決まってくるはずはない、もしも、生まれてから三年で子どもがきまってしまうとすれば、それから後はその人はどうすればよいのか、母親がそばにいなかったら、その後の人生はダメなのか、すべて母親の責任というのか、父親にも責任があるだろう、要するに、子どもは保育所にはいろうが母が育てようがかわらない、母だけで育てると密室の子育てになってよけい虐待の温床になる、という意見が、どんどんと出されるのであった。

三歳までに母親が育てなければならない、というはずはない、そこで一人の人生が決まってしまうはずがない、と言われる。それは、ただ、そのようであってほしい、という希望以上の何ものでもないのではないか。実際には人間の人格形成の核となる部分は、一歳までにおおよそきまってしまうし、人との接し方の基本も三歳までに、やはりきまってしまうのは冒頭に書いた通りである。生まれた幼い子どもを目を見てしっかりと抱きとめなければ、その子は生きていけないし、言葉をかけてやらなければ、言葉はしゃべれるようにならない。物心ついた子どもに、おだやかなまなざしとともにおだやかな言葉がかけられなければ、逆に言えば、言葉はおだやかでも態度が冷たければ、子どもは二律背反したメッセージを一度に受け取って処理しなければならず、精神的な負担をかかえる。それはもう、疑いようのない生のあり方である。

幼少時に人の基本の形は決まってしまうのであり、人はそこで抱えた傷を背負って一生生きるのである。人は皆、幼い頃の、なんらかの負の遺産を抱えて人生をすごす。それがその人の個性ともなり、職業的使命ともなるのである。

どのように理想的に育てられてきたように見えても、人は育ってくる過程で自我に傷を負う。だから、どのように育ててもかまわない、時代と親の要請とニーズによって、子どもの育て方は変わるのだ、という考え方にも、もちろんなりうるわけで、『母性愛』が自然でも本能でもないことが明らかになった今日、赤ん坊のいかなるニーズに応え、いかなるニーズに応えないかもまた、文化と歴史によって変化する社会構築的なものである」[3]という文章になったりするのである。

なるほど。赤ん坊の〝ニーズ〟というのは、自分が胎児のときから慣れ親しんできた母親とできるだけ一緒にいたい、おっぱいがほしい(哺乳類だから、牛やヤギなどよその種の乳より、同種の人間の乳がほしい)、排泄物を自分のからだから遠ざけてほしい、暖かく安心できる場所で眠りたい、などということなどであろうか。その限りにおいて、文化と歴史によって変化することはあるまい。赤ん坊はどこでもいつの時代でも似たようなものである。しかし時代によっては、母親が一緒にいてくれなかったり、他の動物の乳を飲まされたり、文化によっては、漏れない紙おむつのおかげで排泄物を肌にくっつけていたりする時間が増えたりする、それでもよろしいではないか、ニーズに応えるケアは社会構築的なものだから、とおっしゃっているわけである。

自分の子でなくてもよいので、幼い子どもが自分の傍らで育っていくのを見たことがある人は、「赤ん坊のどのニーズに応え、どのニーズに応えないかは文化と時代で決まる」とは考えにくいものである。だいたいが、目の前で育とうとしている小さな人をみていると、その子のもとめるものについて、「赤ん坊のニーズ」というマーケティングだか社会学だかの近代的なものいいは頭に浮かばぬ。その子が必要としているものを時代や文化によっては、与えないこともある、ということは、「その子どもが生きていくために必要なことが与えられなくて、その後、苦しい思いをしても、知ったことではない」という態度を取る、ということである。いや、時代や文化によって、よかれと思うことをするのだから、なにが基本的に赤ん坊にとって必要か、それを与えなければ将来苦しい思いをするか、などということに想像力など及ばない、ということとなのだろう。なるほど。だから、娘たちは、長じては母との葛藤を抱える、ということになっているわけだ。子どもたちは育っていく過程において、親が社会構築的に行動することを望んでいない。子どもたちはただ、親にあるがままを受け止めてもらいたい、親がいないのなら、それに替わる人に受け止めてもらいたいだけである。

渡辺京二の「生の原基」――すべての人間に現れる可能性のある「母性」

生物たる人間がこの自然の中で生きていくためには、「何でもあり」で文化や歴史に応じて求められるものが変わる、というわけではない、「なにか変わらないもの」、人間がこの世界の中で、生まれ、育ち、次の世代を育んで、そして死ぬ、という方向に沿う方向、生きる方向、というものがある。わたしたちがいのちをつなぐ、ということは、この世界で許されてある、ということであり、それを実感するような感覚が、自ら意図しないのに誰にも訪れる瞬間があるということであり、その訪れた瞬間こそわたしたちを本当の意味で生かしてくれる、ということである。

「生の原基」とは、渡辺京二氏の文章に出てきた言葉である。藤原書店が二〇一〇年に創業二十周年記念アンケートをもとに作成した『心に残る藤原書店の本』に、以下のように記されている。

あらゆる文明は生の原基の上に、制度化し人工化した二次的構築物をたちあげる。しかし、二〇世紀末から二一世紀にかけてほど、この二次的構築物が人工性・規格性・幻想性を強化して、生の原基に敵対するようになったことはない。一切の問題がそこから生じている。(4)

この文章は、もともとイリイチの『生きる意味』(5)、および『生きる希望』(6)について書かれたものであり、「イリイチはこの事態を分析・描写した最初の人であり、最期は希望のないことを希望とする境地に至った。私の心境もほぼそれに近い」と続く。

「生の原基」とは、自然や仲間との相互交渉のうちに存在し、政治や思想や法、それに行政組織などのいわゆる上部構造物とほとんど関係なく過ごされる人間の生のありようであるという。時代や文化が変わろうとも、変わることのないもの。「母性」とはそのようなものとして語られるにふさわしいことではないのか。それなしには、わたしたちは、生きていくことがつらいのである。

それは文字通りの上部構造物である「学問的な場」で議論することに本来そぐわないようなものなのではあるまいか。その疑問はいつも消えない。母性とは、生物学上の性にかかわらず、すべての人間に立ち現れる可能性のある、小さくはかなく、弱いものを受け止め、慈しむ感情である。それは人間が人間として続いていくための本能であろう。しかし、本能であるから、いつも簡単に現れるものではなく、本能であるからこそ、ある条件があって、はじめてそれぞれの人にあらわれるものである。男にも女にも現れるけれども、生物学的に女のからだをもっていれば、よりあらわれやすい。

そのようなものであるはずだが、さて、われわれは、「生の原基とことごとく敵対する」二次的構築物を作り上げることに成功した二十一世紀に生きているのだから、ほうっておけば、母性は、ないことにされてしまう。希望はないにしても、負け戦は闘われなければならぬ。

出産経験の記録をたどる

母性保健の疫学を専門としてきたので、現場から観察していることから「母性」を語ることができないか、と考える。たとえば女性の出産経験を丹念に分析することで「生の原基としての母性」に形を与えることができるのではないかと思いつく。お産の場に立ち会い、お産の場を観察し、お産の記録を読むことによって受ける、普遍的とも言える、人を揺さぶるような衝撃をなんとか言葉にできないものか、あるいは「科学的に」目に見える形に表現できないものか、模索してきた。その衝撃とはいったいなんだったのだろう。わたしをとらえてはなさず、なんとかこの経験を言葉にしたいとつきうごかすもの。ここに立ち上がってくるものをなんと表現したらよいのか。

以下のいくつかのコメントは、日本各地に残る、開業助産所での産婦さんの残した文章である。法律上、医療介入をすることができないために、人間のもともとの出産の形が結果として残る世界でもまれな場所となった、日本のいくつかの開業助産所にのこる、出産後の感想を書き記すノートから引用してみよう。

本当に幸せでこんなすばらしい体験、もうおしまい……というのは惜しいような気にさえなってくる。それほどここはあたたかく、自由で、生きている、血のかよった生命の誕生にふさわしい場所。出産は結婚式や何かのイベントとは別だと思う。命の誕生なのだから便利だとか楽だとかそんなことで決められてしまうのはとても悲しい。(7)

出産はつらいものだ、と言われてきたし、実際に経験した人はやっぱりつらかった、という。しかし、いったいどれほど長く、人間は人間を産んできたのか。それほどにつらいだけのものであれば、人間はここまで続かなかったのではないか。ここまでこの形が続いてきたのは、出産が、子どもが生まれてうれしい、というだけではなく、なにか女性にとって積極的なよい経験だったからではないか、と常に思ってきた。この女性は、出産は「本当に幸せでこんなすばらしい体験、もうおしまい……というのは惜しい」と言い、そしてその場は、あたたかく、自由であるからこそそのような経験が担保されたことを語っている。

よいお産とは、自然の声に耳を傾けられるか、からだの叫びが聞こえるか、自分を取り巻く宇宙の気を感じられるか、人々の思いを感じられるか、ということではないかなと思います。そしてそれを感じて、女性に与えられた能力をして、生活の中に生かさなくてはいけないのではないだろうかと考えます。たとえば病気になったからといって、すぐに人を頼らず、この能力を使うべきだと思います。文明によって鈍らされたわれら女性の能力をとりもどさなくては大変なことになってしまうのではないかな、と思います。(8)

これは出産直後に書いた文章なのだが、助産所のお産のノートにはこういう言葉がひんぱんに記されている。女性は出産を通じて、自分のからだの声を聞き、自分の外の世界を感じ、自分ではない人の思いを察することができるようになる、それが女性に与えられた能力なのだ、と。平凡な日常の中に、人間が垣間見る、なにか自分を超えた大きなものを感じる瞬間。幻覚でもなんでもない、リアリティを持った経験として語られている。

自分の体で産んでいる、ことを感じることができて本当に幸せ。痛いことは痛いけど心が満たされている痛みは天と地ほどの差があるんだなー。そして産後の乾杯も天にも上る気持ちでした。どなたかが産前よりも産後の心と体のケアのほうが大切かも、といっていましたが、お産も含めて、わたしも産後のこのような心を感じる場所が必要だ、と本当に思います。日本の女性の皆さん、と立ち上がりたいくらいですね。

この、「日本の女性の皆さん」という呼びかけは、出産後のお産のノートに実によくみられる呼びかけである。今お産をしている年代の女性たちが特に社会的認識がすぐれている人たちとも思わないし、日本や世界に向けて演説をしたいことが多い年代であるとも思えない。しかし、出産後、自分の幸せ、天にも昇る思い、そういったことを日本のすべての女性に経験してほしいと思っているわけだ。人間はもともと自分勝手なものなので、自分が経験したよいことは自分だけのものとしてとっておきたいと思っても良さそうなものだが、出産時の経験はちがう。彼女たちは自分が経験したこのすばらしい経験を日本のすべての人にしてもらいたい、と願う。このような呼びかけが、幾度も出産後のノートに登場する。「日本の皆さん」、「世界の皆さん」、「わたしが産んだこの子の生きていく世界をよりよいものにしたい」、「こういう経験を一人でも多くの人にしてもらいたいから、助産の実習学生さんを受け入れてあげてください」、などという言葉が続く。こういった感情が、社会認識の芽生え、というものにつながりうるのではないのか。しっかりとした自分のからだを使った出産経験の上に立ち現れる社会性は、母性の屋台骨を作るのであろうと思われる。

出産は新しい生命の誕生であると同時に、家族の新しい出発点なのですね。三人目を生んでようやくそんなことに気づくなんて……。四人だった家族にただ一人が加わるというのではなく、家族一人一人のかかわり方が微妙に変化して、新しい形ができてゆくような……今回は特にそう感じます。それは、長女が〝学校にいかない〟という形で赤ちゃんを迎える心の準備をした、ということもあったからかもしれません。

彼女の二度目の不登校です。赤ん坊のように泣き叫び、わがままを言い、弟を突き飛ばし……。八歳の大きな〝赤ちゃん〟を妊娠七ヶ月の身で抱え込んでしまった、という感じでした。添い寝してやったり、お風呂で体を洗ってやったり、ご飯を口に運んでやったりすると、すごく喜んで、ニコニコしていた長女です。わたしはいつもいつもそんなにやさしくしてやれる母親ではなかったので、彼女はとてもつらかったんじゃないかな……。泣き叫ぶ長女に、何度「言いたいことがあるんなら、泣かずに言葉でいってごらん!!」って怒鳴ったことでしょう……。

赤ちゃんが生まれてから気づいたことですが、親って生まれたばかりの赤ん坊には、「どうして泣いてんのか、言ってごらん！」なんていいませんよね。母親が自分から心寄せて、「どうしたの？　そっか、おなかすいたんだねー」、「おしっこでたんだねー」って。ああ、長女もこんなふうにわたしに接してほしかったのかな、とつくづく後悔したわたしです。(9)

この章の冒頭に書いた、生きづらいと感じている現代女性たちが求めているものは、こういうことなのだと思う。言葉にならない感情を受け止めて、心寄せてほしい。出産という経験をきっかけとして、そういうことを気づけるようになる力が人間には備わっている。家族はなにか固定された関係性によってなりたっているわけではなく、いつでも変わることができる。そして、家族が変わるきっかけは、誰かが産まれたり、誰かが死んだりすることなのである、ということを思い出すことができる。

「わたしのお産」

くり返し襲う、いきみの波。

膣からのぞき始めた卵膜に触れる。

わたしは、〝生き物〟だ。

いつまで続くのだろう。いつまでも続くのか。

彼の潤んだ目が見える。

卵膜が破裂し、羊水が流れ出る。

少しずつ、少しずつ、ゆっくりと赤ちゃんの頭を感じ出すに連れ、わたしのからだは、ふわーっと軽く持ち上がり、どこか宇宙をひとり、ただよっているようだ。

頭からつま先までわたしの全身が希望に包まれる。

「いい顔してはるねえ」遠くで声が聞こえる。

この感覚はなんだろう。

ただ希望の光だけがわたしをおおう……。

そのあとの一週間は、まるで母の子宮に戻っているような、不思議な心地よい時間だった。羊水のにおいとピンクのベールにつつまれ。

いまでもたまに、ふっと羊水のにおいを思い出す。

すると不思議に、ホクホクと希望のような、切ないいとしいものが心に宿り、わたしを支えてくれる。

（このお産の記録を）読み終わると、涙が止まらず、何度も繰り返して、毎日のように読んだ。そんなある日、読み終わって、はるか空の向こうの宇宙に思いをはせていると、ふと電話のベルが鳴った。母だった。「うん、うん、……そう。もうおなかが動くのがわかるよ……」（注─書き手は二人めの子どもを妊娠中）。一五、六年ぶりだった。母に対して、なんのひっかかりもなく、心のそこからすっと声が出てきたのは。素直な自分になれたのは。

わたしが重たく抱えてきたものは、ぜんぜんたいしたことじゃないんだ。もう忘れてしまえる。五〇歳の母と、二七歳のわたしと。今また新しく出会って、お互いにいいものを作っていこう。それって、「楽しいことだよな」。重たくて、苦しいものなんて、この宇宙には何一つ必要としていないんだ。一瞬のうちに、わたしの中にあった不安は消え去り、明るく透き通った心持だけが残った。

初産のときに出会った、あの感覚……宇宙の塵となって、希望の光の中を漂う……あの体験は、これからもわたしを支え、何かの時にはきっと、わたしの心の鏡を澄んだものにしてくれることだろう、と思う。この宇宙のリズムの中に、永遠にあり続けられることに、心から感謝して。(10)

見事な文章である。ある一人の女性が、初産を経験して、その後の母との経験を文章にしたものであり、いっさい手を加えていない。一人の人が、出産、という経験を十二分に味わえる環境さえ与えられれば、生の原基としての母性は立ち上がっていく。

わたしたちは、単独でこの世に存在しているわけではなく、つながりのうちに、この自然の中で、許されてあり、生かされている。なにか大きな存在の一部として存在している。そのようなことが一瞬にして知覚されることがあり、それはよろこびであり、励ましである。出産という経験にそのような一瞬は、多く訪れているのである。

第2章　〝豊かな出産経験〟——科学的根拠の可能性と限界

母性のスイッチが入るような〝豊かな出産経験〟がある

公衆衛生の一分野である疫学を専門としている。個人個人の患者を診る臨床の学問と違い、公衆衛生は人間の集団を相手にする。臨床医が患者の診断に様々な道具を使うように、公衆衛生も疫学、という測定道具を使う。近代医療の分野で、「科学的根拠」の理論的な枠組みを提供するのが疫学なのである。起こっている状況を量的に記述したり、疾病とその危険因子の関係を明らかにしたりする。疫学は元々感染症の分野から生まれた方法論であるが、現在は、精神保健、生活習慣病、事故、など多くの分野に適用されている。わたしが関わってきたのは、母と子に関わる「母子保健」の疫学であった。

自分の専門領域に近いところから「母性」にかかわることを考察していきたい。女性の妊娠、出産、そして幼い子どもたちの育ち。人間が人間として続いていくための、わたしたちが避けることのできない運命の営みである。担わない人がいてもかまわないが、誰もが担わないことになれば、人間はつづいていかない。望もうと望むまいと、ここが人間の存在の一番のフロントである。女性の妊娠、出産、という分野を文字通り「母性保健」という。子どものことは「小児保健」、母と子のことは「母子保健」であり、ここが観察すべき一番の切っ先である。そのことを、しっかりと受け止めるだけの力は足りないと思うことばかりだが、その先端に立っているという自覚は、常にあった。

なにか、目の前で起こっていることをただならぬことと感じ、綿密に観察し、記録し、一体ここでおこっているこれは何なのだろうか、と考え続けること、そしてまたわからなくなったら、綿密な観察に戻る、そしてそれを誰もがわかるような形で提示すること。めざすべき科学的な態度、というものはそこにしかないと信じる。自然な状況での出産の場で起こっていることを観察しながら、これはただならぬことである、と思った、ということは前章で、書いた。出産の場にたちあがり、一人の女性を大きく変えてしまうような経験。自分でも予想することができなかったような、自分の外との合一感覚、わきあがるような子どもへの思い、その子どもが生きていく世界への共感。「母性」へのスイッチがかくしようもなく、顕われるような出産、といえよう。

ここでスイッチが入れば、おそらく、その後、子どもを受容し、子どもと関わることをいとおしむことは、女性自らのうちからわきあがるようになるのではないか。もちろん、生きていればさまざまな困難に出会うのであり、それは経済的なことであったり、社会的なことであったりするだろうけれども、一度母性のスイッチが入れば、それは、その後の女性の人生を支えてくれる軸になるのではないのか。

しかし、現実に日本をはじめとする出産をとりあつかう医療現場では、そのような女性の体験を大切にしなければならない、という議論が積極的になされてきたとはいえない。死と苦しみをできるだけ避け、病は個人の性質や他との関係性によるものではなく、細菌やウィルスや環境要因などの原因物質にある、という近代医療の体系に、わたしたちはどれほど恩恵を受けてきたか知れない。産科医療は、そのような近代医療の枠組みからでてきているわけであるから、「母性のスイッチが入るような」女性の主体的な経験に思いが至るようには教育されない。だから、綿密に観察をして、記述し、医療関係者が、一体それはどういうことなのか、わかるように説明をする必要があると思っている。

女性たち自身が感じ、言葉にしている出産経験を、医療の現場で、医療関係者の、具体的に言えば医師をはじめとする医療関係者にわかるようにあらわしたいと考えた。助産所をはじめとする、女性の「母性のスイッチが入るような豊かな出産経験」が多くみられるような出産施設の出産記録をたどり、女性の出産経験をあらわし、その出産経験が母子に及ぼす影響を示すことを試みたいと思った。

ここでは仮に、この「母性のスイッチが入るような豊かな出産経験」を単に「豊かな出産経験」とよんでおこう。出産を契機に、今まで想像もつかなかったような子どもへの思いがおさえようもなくわいてきたり、とつぜん子どもの住む世界への共感能力が増したり、ということが起こるとすれば、それは疑いようもなく、一人の人間にとっての「豊穣」であるから、文字通り「豊かな出産経験」なのである。

「快適」「満足」だけではない出産

従来、保健医療の観点からの妊娠・出産に関する研究においては、「安全性」と「快適性」という二つのキーワードが挙げられ、この二つをいかに向上させるかということが課題とされてきた。「安全性」とは、もちろん〝安全〟に妊娠・出産を終えられることであり、妊産婦死亡率や新生児死亡率などが代表的な評価指標である。十分な出産場所の確保や周産期医療機関のネットワークといったインフラの整備も、「安全性」を高めるために重要なことだといわれている。

一方、「快適性」ということばは、「安全性」を追求するために生じた、出産における過度の医療管理への批判として使われ始めた。[1] 例えば、厚生労働省の「健やか親子21」[2] においては、「快適性」の評価に関して、女性が自身の妊娠・出産に満足しているかどうかが指標として用いられている。[3] 出産に対する「満足度」を評価指標としている研究は少なからず行われている。[4] 出産を「安全性」だけではなく、「快適性」という女性自らの経験でみようとする試みは悪くないのではあるが、その「快適性」はなんのことかよくわからないから、それを女性の「満足度」でみよう、ということになっていたわけである。

出産が豊かな経験であるためには、産婦が自身のお産に対して満足できることが重要であることはまちがいあるまい。しかし、出産経験を満足度で評価しようとすると、結果として「出産が安全であれば出産の満足度は高くなる」ことも指摘されている。[5] 厚生労働省の「健やか親子21」の中間評価においても、満足度には、出生した児の健康状態、すなわち、お産における「安全性」による影響が強すぎるのではないかということが指摘されていた。[6]

つまり、子どもも自分も元気ならば、そのお産は満足でした、と女性は言うものだ、というのである。もっともなことだ。出産経験がどのようなものであっても、子どもと自分が元気でさえあれば、とても文句を言う気にはなれず、「満足です」と誰でも言ってしまう。おそらく「快適性」と言うことば自体が適切ではなく、また、それを「満足」ではかるということもいっそう、適切ではないのだろう。結果として一体何をみているのだかわからない、ということになっているのではあるまいか。「快適」や「満足」を議論するような従来の女性の出産経験に関する研究には、出産経験が「母性発現」のスイッチになる可能性がある、という考え方は、受け入れられる余地がなかったのだと思う。

二〇〇〇年をすぎるころから、ようやく「快適」や「満足」とは異なる、豊かな出産体験のありようについての研究の必要性が言及されるようになる。(7)(8) お産に関わっている助産師や産科医によると、豊かな出産体験をした女性は、概して楽しく育児に取り組んでおり、次の妊娠・出産に対して積極的な態度をとることが多いという。助産所などでよく見られる、退院時に女性が妊娠・出産や入院時の思いを書き込んだノートを見ると、〝満足した〟という言葉では表せないような、豊かな出産体験が綴られていることについては、前章で示した。しかし、こうした豊かな出産体験に関する研究は非常に少なく、豊かな出産体験がその後の母子に与える影響についても、ほとんど明らかにされていない。簡単に言えば、「安全」で、そこそこ「快適」ならば女性の出産経験がどのようであるか、ということについてはそれ以上の話題にもならなかったのである。

出産体験に関する調査

二〇〇二年から、豊かな出産体験の定義と、出産体験がその後の母子に及ぼす影響を明らかにすることを目的に、六年半にわたり、前向きコホート研究とよばれる追跡調査を実施してきた。やや冗長になるが、説明を試みる。

この研究は出産直後の女性に対して実施した質問票によるベースラインとしての面談調査と、その後七回（産後四ヶ月、九ヶ月、一年四ヶ月、二年六ヶ月、三年、三年六ヶ月、五年）にわたるフォローアップとなる面談調査によって構成される、前向きコホート研究である。前向きコホート研究とは、時間や労力はかかるものの、原因と結果の時間的前後関係を示しやすく、説得力のある科学的根拠を提示できるといわれている疫学研究の一種である。

対象者は、二〇〇二年五月〜二〇〇三年八月の期間に、「豊かな出産経験が多く起こっている」と思われる五つの調査対象施設（助産所四、および産院一）で出産したすべての女性二三一四人のうち、母子ともに健康状態が良好であり、かつ、研究への協力に同意が得られた一四五三人（助産所三九九人、産院一〇五四人）である。「豊かな出産経験」について研究したいのであるから、出産後の記録などから、「おそらくこの助産所、産院では女性は豊かな経験をしていそうだ」という出産施設を選んでいる。調査依頼に対する女性たちの受諾率は助産所九五・九%、産院四七・二%であった。個人的な関係をその基礎とする助産所では、ほとんどの女性が調査を承諾してくれている。ベースライン調査から六回目のフォローアップ調査までデータが収集できた者は六一五人(五二・三%)であった。先行研究において、医療介入ができない助産所で出産した女性の方が出産に対する満足度が高いことが指摘されていることなどから[6][9]、本研究においても、経膣分娩した者の出産体験に着目をした。そのため、帝王切開により出産した者は本稿における分析からは除外し、経膣分娩をした者で、ベースライン調査時の回答に不備がなかった一一六八人(助産所三九一人、産院七七七人)を分析対象としている[10]。

ベースライン調査時に、診療録から対象者の年齢などの属性、分娩歴、妊娠・分娩中の経過や実施したケアといった産科情報に関するデータを得、質問票を使った面接によって、出産時に受けたケアや出産体験などに関するデータを集めた。フォローアップ調査では、調査対象者の自宅を訪ね、母子の健康状態や、母乳の継続状況、ソーシャルサポートの有無、産後うつ、育児困難感、母親役割の受容、産後の女性の人間的な成長などについて尋ねている。

上記の手順で集めたデータを用いて、以下の四点について分析および考察をおこなってきた。

(1)「豊かな出産体験」について量的に測定し、検討すること

(2)出産体験を定量的に評価するための尺度を作成すること
(3)出産体験の決定因子（どういう要因が出産体験に影響を与えるのか）について検討すること
(4)出産体験がその後の女性に与える影響に関して検討すること

ここでは（1）～（4）について簡単に説明をしたい。個々の分析方法や詳細な結果などについて興味がある方には、関連した文献リスト（10～15）を文末につけているので参照されたい。

(1)「豊かな出産体験」とはどういう体験か?[11]

出産体験に関する四五の質問項目を用い、助産所の手記で語られているような豊かな出産体験、すなわち、「母性のスイッチが入るような」豊かな出産経験について、記述することを試みた。この四五の項目は三つの助産所において、退院時に女性が妊娠・出産や入院時の思いを書き込んだノートから得た、三二八人分の手記の内容をもとに産科医、助産師などの出産関係者と検討を重ね、作成したものである。

いくつか結果を示してみよう。分娩中には、約九五%の女性が「分娩中に周囲に気を使わなくなった」、「自然に出てくる声や、喜怒哀楽といった感情を表現できた」と答えた。「自分をコントロールできた」と答えた女性が約五〇%いた。八〇~九〇%の女性が「お産をするための姿勢が自然に決まった」とか、「考える前に身体が反応していた」と回答していた。「お産の間の自分自身の行動に驚いた」とか、「自分の境界線がないような気持ちになった」と回答した女性は約三〇%であった。

娩出直前・直後には、「生まれてすぐの赤ちゃんをかわいいと思った」と回答した者は約九五%であった。赤ちゃんだけでなく、後産によって娩出した胎盤さえも、約五〇%の女性が愛おしいと感じていた。約三〇%の女性が「お産の直後に、また産みたい」と思ったとこたえた。出産直後に「自分の身体を触られたくない」と感じた女性は一〇%以下と低い割合を示した。

出産後には、「出産によって満たされたと感じた」、「感謝の気持ちが湧いた」ことを九〇%以上の女性が体験していた。また、「ありのままの自分を出せた」、「自分らしいお産だった」との回答は九五%以上に達した。「出産とは、自分をみつめることであった」、「知らなかった自分と出会えた」と回答した者は約七五%であった。安全性、快適性、満足度といった尺度とは異なる、豊かな出産経験の具体的な内容が示されている。

(2) 出産体験を測定するための尺度の作成(12)

(1)では、具体的に女性たちはどのような経験をしているのか、という内容を示した。次に、この豊かな出産体験に関する四五の質問項目を用いて、出産体験を測定する出産体験尺度を作成した。出産体験を主体的な語りのみにおわらせず、具体的な数値として表す試みである。尺度があれば、どのような出産施設でも、そこで女性たちがどのような主体的な経験をしているのかを表すことができる。

もとよりこのようなこと自体にどのような意味があるのか、と問う方も少なくないと思う。わたし自身も、女性の経験、という次元で考えるとき、これを数値化することに意味が見いだせるとは思わない。しかし、「既存の医療サービス」や「医療に関わる政策」を変えていくためには医療の枠組みの中で、説得力のある科学的根拠を提示していく必要があり、疫学はそのための道具であるから、出来るだけの努力はしなければならないと考えた。豊かな出産を経験している女性が多いと考えられる施設の女性の手記から抽出された上記の四五の質問項目は出産経験の質を問うのにふさわしい質問群であるから、この質問項目を利用して、尺度作成を試みたのである。

質問項目の内容や因子分析の結果などから、「①幸福因子」、「②ボディセンス因子」、「③発見因子」、「④あるがまま因子」という四つの肯定的な因子と、その中に含まれている一八項目から構成される出産体験尺度ができあがった（**表1**）。出産体験尺度は一八項目に示されたような体験をしたかどうかについて、出産数日以内の女性に対して、「はい／いいえ」の二択で

表１　出産体験尺度の質問項目一覧

＜第１因子：幸福因子＞

1）お産は楽しかったですか
2）お産は気持ちよかったですか
3）お産の間は幸せな気持ちでしたか
4）お産の後すぐ、また産みたいと思いましたか

＜第２因子：ボディセンス因子＞

5）お産の間、自分をコントロールできたと思いますか
6）お産の間、自分のペース、リズムを感じられましたか
7）お産の間、自分を信じることができましたか
8）自分らしいお産だったと思いますか
9）お産の間、自分の体の中で起こっていることがわかりましたか
10）お産の間、気持ちはゆったりとしていましたか

＜第３因子：発見因子＞

11）お産をしたことで、知らなかった自分に出会えたという気持ちがしましたか
12）お産は自分を見つめることだと感じましたか
13）お産の間、自分の境界線がないような気持ちになりましたか
14）何か大きな力が働いていて、それに動かされているような気がしましたか
15）お産の間、こんなこともしていたというように自分の行動に驚きましたか

＜第４因子：あるがまま因子＞

16）お産の間に自然に出てくる声を無理に抑えずに出せましたか
17）お産の間、喜怒哀楽の感情をそのまま出せましたか
18）お産の時にありのままの自分を出せたと思いますか

※出産体験尺度の得点は、上記18項目を出産数日以内の女性に対して、「はい/いいえ」の２択で尋ね、「はい」を１点、「いいえ」を０点として、合計した得点とする。

尋ね、「はい」を一点、「いいえ」を〇点として、一八項目の回答を単純加算する。調査の際には対象者が面接の中で、「体験した」と明確に回答した場合を「はい」とし、「よくわからない」あるいは「ピンとこない」、「体験していない」などと答えた場合は、「いいえ」として扱う。上記の手順によって、その女性の出産体験を〇点から一八点までの得点で数値化することができる。

「①幸福因子」は、「お産は楽しかった」、「お産は気持ちよかった」といった項目から構成され、お産に対する肯定的な感情や満足感を表す。この因子が示しているのは、出産そのものが「気持ちよく」、「とても楽しい」経験であり、出産後に「また産みたい」とすぐ言ってしまうような女性の気持ちであるといえる。

「②ボディセンス因子」はお産の間に、身体の中で起こっていることを感じ取り、自己の身体の持つ力を信じて委ねることができたことを評価する因子である。

「③発見因子」は「お産をしたことで、知らなかった自分に出会えたという気持ちがした」、「お産の間、自分の境界線がないような気持ちになった」といった項目によって構成され、お産によって、女性が新たな自分を発見できたことを表している。

「④あるがまま因子」はお産の際に湧き上がる感情や声など、自然にあらわれた体験を表している。「③発見因子」と「④あるがまま因子」は従来の出産の「快適性」に関連した尺度においては、ほとんど抽出されてこなかった。

出産体験尺度の得点が高い人ほど、出産後数日時に「今回、経験したようなお産を他の女性にも経験して欲しい」と感じていることや、産後四ヶ月、九ヶ月、一年四ヶ月時において、「また妊娠・出産したい」と思うものが多くなる。

この出産体験尺度の得点が高いような出産ほど、その出産経験は「母性のスイッチが入りやすくなるような」豊かな経験である、と、わたしたちはいいたかった。また、出産経験がこのように数値化されることで、施設において陣痛、出産時に受けたケアと出産経験の関連をみることができる。どういう医療介入を行えば、出産経験の数値がどうなるか、をはかることができるようになる。実際に女性が陣痛、出産時に受けたケアと、出産体験尺度の得点の関連をみてみよう。

（3）出産体験と出産時のケアとの関係（出産体験の決定因子について）

会陰切開の実施や陣痛誘発・促進剤の使用などの産科医療介入の実施は出産体験尺度の得点を低下させる可能性が示された。医療従事者にしっかりと受け止められ、同じ医療従事者から継続的にケアが実施されることや、陣痛・分娩時に自由に身体を動かせたり、ケアの内容に女性が自分の意見を言えたりするなど、女性が分娩時に主体性を持っていること、プライバシー

表2　出産体験の決定因子に関する要因の概略

	出産体験
＜産科医療介入＞	
会陰切開の実施	低下　↓
陣痛誘発・促進剤の使用	低下　↓
クリステレル圧出法の実施	低下　↓
継続的な分娩監視装置の着用	低下　↓
＜分娩時のケアや状況＞	
継続的なケアを受けたという実感	向上　↑
ケアや処置に対する女性の主体性の確保	向上　↑
医療従事者による受容感を感じられること	向上　↑
パートナーや上の子どもの立ち会い	向上　↑
プライバシーが尊重されていること	向上　↑
＜産前・産後のケアや状況＞	
バースプランの作成	向上　↑
出産を楽しみに待てること	向上　↑
母子同室であること	向上　↑

＊三砂ちづる、竹原健二「いいお産とはどのような体験か――豊かな出産体験を定義し、お産について再考する」、『助産雑誌』63（1）、22-31 頁（2009）

が守られ、安心できる環境で分娩できることなどは、出産体験尺度の得点を向上させる要因になり得ることがうかがわれた。[13]（表2）

（4）出産体験がその後の女性に与える影響

出産体験尺度の得点が高い、すなわち、豊かな出産体験をした女性は、その後、どのように変化するのだろうか。「母性のスイッチのはいるような」という表現を冒頭にしたが、ほんとうに、「母性のスイッチ」は入る、といえるのか。

実際にフォローアップ調査の結果を見てみると、出産体験尺度の得点が高いほど、産後四ヶ月時に完全母乳（母乳だけで赤ちゃんを育てる）の率が上がり、九ヶ月時にも母乳を継続していることが多いことが示された。[14] また、母親役割の受容については肯定感が高まり、否定感は減少する。育児における心配や親としての不適格感、子どもに対するネガティブな感情や攻撃衝動性は、出産体験尺度の得点が高いほど軽減する。さらに、子どもに対する愛情や、出産をした場所に対する愛着、次の妊娠・出産に対する意欲なども高くなる。産後四ヶ月時、九ヶ月時における産後うつとの関連は見られなかった。[15]（表3）

豊かな出産経験をしているほど、母親としての肯定感が高く、子どもに自信を持って向かうことができている。出産経験の豊かさと、のちの「母性」の発現の関わりがみられる。

表３　出産体験がその後の女性に与える影響に関する二変量解析

＜豊かな出産体験をすることによって…＞	
母乳哺育の状況	
産後４ヶ月時の完全母乳実施者	増加↑
産後９ヶ月時の母乳継続者	増加↑
産後うつ（ＥＰＤＳ：文献 13）	
産後４ヶ月時	関連なし―
産後９ヶ月時	関連なし―
母性意識（母性意識尺度：文献 14）	
母親役割の受容に対する肯定感	増加↑
母親役割の受容に対する否定感	減少↓
育児困難感（育児支援尺度を一部改編：文献 15, 16）	
心配・困惑・不適格感	減少↓
ネガティブな感情・攻撃衝動性	減少↓
その他	
不安・イライラ	減少↓
子どもに対する愛情	増加↑
お産をした場所に対する愛着	増加↑
お産に対する記憶	増加↑
次の妊娠・出産に対する意欲	増加↑
健康や食事に対する配慮	増加↑

＊三砂ちづる、竹原健二「いいお産とはどのような体験か――豊かな出産体験を定義し、お産について再考する」、『助産雑誌』63（1）、22-31 頁（2009）

分娩中に女性は周囲に気を使わなくなったり、自然に出てくる声や感情を出せるようになったりする。何か大きな力に動かされているような、ある意味での自己の無力感を感じたり、自らも驚くような本能的な行動をとったり、不思議な身体の感覚を味わったりといったことが、出産を通じて体験し得る。

また、女性は豊かな出産を体験することによって、次の妊娠・出産への意欲が高まることも示された。このことは、現在の少子化対策において重点的にとりくまれている、経済的な支援や、育児と労働の両立といった環境の整備とは異なる視点を提供するとはいえないか。妊娠・出産時のケアの質を高めることによって、出産体験が変わり、その結果、出産体験が産後の女性の精神的な状態や育児に影響を与えることが示されたことは、近年、増加傾向にあると言われる虐待や育児不安といったトラブルに対して、育児期の女性に対するサポートだけでなく、妊娠・出産時からの関わりも重要である可能性を示している。

「科学的根拠」をどう使い、どう語るのか

出産の場、それも女性が自分の力をしっかり使って産んだ、と感じ、赤ちゃんが自分の力を

出し切って生まれてきた、と感じられるような出産をすると、女性には大きな変化がおこる、ということを説明してきた。今まで感じていなかったことを感じるようになり、母親としての役割を受容しやすくなり、育児困難感が低くなり、子どもをよりかわいいと思うようになり、もっと子どもを産みたいと思うようになる。これらは次世代を育てる上で、文字通り「より楽」で、「より楽しい」日々につながる。このようにして、なるべく自然な身体経験を通してたちあがってくるものを、観察された「母性」と呼んでいきたい。

このように、出産経験や母性のありようについて、科学的根拠を出せるような調査研究をしてきた。ところで、科学的根拠はいったい何を変えるのか。何を変えることをめざしているのか。このような研究をしたことで、ときおり、質問を受けることがある。

「わかりました。女性がなるべく自分の力を使って、自然なお産をすると、いわゆる〝母性〟が発現しやすくなって、子育てが楽になったり、子どもとの関係に自信がもてたりするんですね。そういう研究をして、科学的なデータがでたわけですから、それでは、このような研究成果が知られるようになると、女性たちは、もっと自然なお産をめざすようになるでしょうか」

という質問である。

疫学調査は、女性の行動を変えるためにやるのではない。先述したように疫学は公衆衛生の測定道具の一つである。近代医療における科学的根拠に理論的枠組みを提供している。「疫学の調査結果があればそれにしたがって個人の行動が変わるのではないか」ということが期待されているのかもしれないが、疫学の調査結果はそのようなことをめざして出されるものではない。

疫学は、医療の枠組みの中で、今よりすこしましな医療のありようを提示するための科学的根拠を提示する。これはどういうことかというと、「医療」という枠組みの中で、よりよい医療サービスを提供するために、あるいは現今の医療のシステムや具体的なケアを変えていくために、あるいはよりよい医療政策をつくるために、科学的根拠を提供する、ということである。

そして、すべての研究には研究者の意図がある。疫学調査の結果もまた、そのような結果を出したい、と望む研究者の意図から始まり、それを数値として表せるように研究がすすめられていく。今回、わたしたちがやった研究にも意図があった。わたしたちは女性の出産経験とは、安全性や快適性や満足といった指標だけで表すことができると考えなかった。女性の出産経験とはそれよりもっと深い意味があり、女性が自分のからだに向き合い、赤ちゃんが自分の力を出し切ることができるような出産経験は、母性の発現のきっかけとなり、女性にとっても赤ちゃんにとってもその後、よい影響を及ぼすことになる、ということをなんとか示したい、という意図があった。なぜそのような意図を持って研究したのかというと、現今の産科医療サービスのなかで、もっと女性の出産経験自体が大切にされてほしい、と思ったからだ。

ここで、結果を出したからといって、産科医療はすぐには変わらないし、産科医療をめぐる施策もまた、すぐには変わらない。しかし、どこかで、現在の病院の産科医療サービスを、もっと女性の経験を大切にするように変えたい、と思っている病院経営者や現場の責任者がいれば、彼ら彼女らは、わたしたちの出した研究結果を使って、ほら、ここにこういう研究結果があるから、ということを理由にして、現場を変えていってくれるだろう。また、将来、日本の母子保健施策を、もっとプライマリーケアを重視し、大病院のみではなく、助産所のような小さな出産施設が大切にされるようなものにしたいと考える政策担当者が出てくれれば、わたしたちの研究結果を用いて、政策を変えていってくれるかもしれない。

疫学の提供する科学的根拠はそのように、よくも悪くも現在の医療の枠組みの中でできたものである。その枠組み自体を問うことは疫学にはできないし、まして、一般の人々の、今回の場合では、女性たちの行動の指針となるようなものを提供しているわけではない。

一般の人々の日々の生活の上に積み重ねられる行動は、科学的根拠のあるなしでは変わらないし、変わってほしくもない。だから、先述の「こういう結果が知られるようになったら女性がもっと自然なお産をえらぶようになるか」という質問には、「とんでもない、女性の行動は、科学的根拠で変わるものではない、そんなことをめざして調査研究をしているのではない」とこたえるしかないのだ。

女性たちの行動は、疫学の提供する科学的根拠で変わるのではない。むしろ、科学的根拠ごときで変わってもらいたくない。彼女たちの行動は、自分が信頼する人の穏やかで静かな語り口によって変わる。そのように彼女たちに語りかけるのは、彼女たちの母かもしれない。祖母かもしれない。あるいは親しい友人や、信頼している年上の知り合いかもしれない。直接会った人からではなく、心をひかれて読んだ本の文体によって心を動かされるかもしれない。大好きな人にいわれたから、自分も変わるのかもしれない。科学的根拠を気にする女性もいるかもしれないが、彼女たちが変わるとすれば、それは、その科学的根拠の説明が、権威の言葉やプラスチック・ワードではない、親しみに満ちた、おだやかな語り口によって、信頼出来る人によってなされたからに他ならない。

「科学的根拠はどこにあるのか。信頼出来る根拠を出してもらいたい」という物言いが、いつしかわたしたちの日常のものとなった。しかし、科学的根拠は、「生の原基」とはあまり直接関わりのない、制度化したこの近代のシステムのよりよき運営のために提示されるものだ。無視してよいはずはない。わたしも無視はしない。むしろ、この「生の原基」と敵対し続けるシステムを、少しでもよきものにしたいから、そのシステムの若干の変更のきっかけをつくる科学的根拠を、わずかなりとも出していきたい。そのための、事実の綿密な観察も続けたい。しかしそれは、あくまで枠組み内の変化をもとめるためのものだ。

しかし、ひとりひとりのうちにある「生の原基としての母性」は、それらの枠組みとは違うところに存在している。「豊かな出産経験」を経て、より発現しやすくなる母性は、時代を経てもかわらぬところに在って、人間を次へとつないでいる。かわらぬものがある、ということへの嘲笑も、数値化してシステムと対峙させながらも、それはひとりひとりには反映出来ないという矛盾も、すべて抱え込みながら、「母性」を語ることをあきらめたくはない。

第3章　日本の開業助産所は何をするところか

映画“MicroBirth”が提起する問題

“MicroBirth”というドキュメンタリー映画が、二〇一四年九月二十日、世界同時公開された。制作、監督、撮影、編集はハーマン（Toni Harman）とウェイクフォード（Alex Wakeford）というイギリス人カップルで、自分たちの七年前の出産経験を機に、世界の出産ケアに関する映画を撮っている。先年、One World Birth を設立し、出産についてのビデオや映画制作、インターネット配信の利用、国際的なコミュニティー形成を通じて、出産の変革を目指しているという。医療の場にもちこまれ、医療なしの出産を想像することもできない現在、どのようにして女性の産む力を生かし、赤ちゃんの生まれる力を生かすのか。映画は常にスポンサーなし、志ある人からの寄付のみでつくっており、上映も業者を通していない。

彼らが二〇一二年に四万ドルの寄付を得てつくった“Freedom for Birth”（「出産の自由を求めて」）は、自宅出産を介助していたために逮捕されたハンガリーの助産婦、アグネス・ゲレブをとりあげ、欧州人権裁判所に「女性はどこで、だれと、どのように出産するかを決める自由を持つ」ことをみとめさせたことを題材としている。二〇一二年以降、二一カ国語に訳され、五六カ国一〇〇〇カ所以上で上映されてきた。

彼らの「新作」である“MicroBirth”は六〇分のドキュメンタリーで、日本語字幕版もつくられており、映画ウェブサイトからＤＶＤ購入が可能である（http://microbirth.com）。

この映画は、コーネル大学、ニューヨーク大学、イギリスのユニバーシティ・カレッジ・ロンドンなどの研究者が次々に現れ、「バクテリア（細菌）の叢」と人間の共生について語っているユニークな映画である。生態系がバクテリアとの共生で成り立っているように、人間自身のからだもまたバクテリアと長く共存してきた。しかし、抗生物質の普及と帝王切開の増加により、この、人間のからだとバクテリアの共存は、いまだかつてなかったような状況に陥ろうとしているのだ、という。医療は人類史上かつてないほどに精緻化しているが、逆に、アレルギー、自己免疫性疾患、ガンなどの病気は世界中で増えつづけている。このまま増えれば、各国政府の医療予算を圧迫し続けていくことに警鐘を鳴らしている。

世界中で帝王切開で誕生する子どもたちが増えつづけているが、母親の産道を通らずに生まれてくる、ということは、人生唯一のチャンスである母親の産道における細菌叢への曝露を出生時に経験しないということになり、生涯にわたってさまざまな疾病に対して脆弱な状態になりうるのではないかという。帝王切開率は各国で上昇しつづけ、アメリカ、ヨーロッパでは三割を超えており、日本でも一九八〇年には七％程度だった帝王切開率は二〇一〇年には二〇％に近づこうとしている。微生物学の研究者たちの仮説のひとつは「産道を通った自然な出産を経験していないと、その後さまざまな疾病にかかりやすい」ということであり、だから、「帝王切開で生まれてきた子どもに、母親の産道からの採取物を塗布して、細菌叢への曝露を促進する」ような研究を推進したりしている。

この"MicroBirth"はこの課題をあくまで仮説、として提示しているのである。もちろん、今の段階ではまだ科学的根拠はないし、仮説の検証にはもっと時間がかかると思う。しかし、人間の出産に過度の医療を介入させることとの影響については、今後、多くの問題が出てくるに違いない。どのような出産形態がふさわしいか、どれくらいの医療介入は許容されるのか、ということについて、わたしたちは、もともと長期の影響をさぐるような研究の枠組みを持っていなかった。出産の現場での医療介入は、その場で母親と子どもが生存していることのみ、を結果として測定しているのであり、その後の母と子の健康や人生について理解した上でおこなわれているわけではないからである。

「人間が有史以来おこなってきた自然な営みである出産の意味」について考えることは、この本の大きなテーマのひとつである。この「意味」について、科学が語れることはまだほんの一部であり、まだまだわからないことばかりなのではあるまいか。本当の女性のエンパワーメントとは、産もうとすれば、妊娠できるような身体を自分で整えられること、自分で産めると信じること、自分で乳をやれると信じること、産んだ子どもくらい自分で育てられると信じることではないのか。「産めない、産まない人もいるのに産むことを前提に話をするのか」という議論は、論理としては正しいのかもしれないが、人類がわたしたちの世代でおわらず、続いていくことを願うのであれば、やはり女性がどのようにすれば、産み育てることを良き形で引き受けていけるのか、を考えるしかない。それは、不妊治療の支援とか、新生児集中治療室の整備とか、保育所の拡充というような、いわゆる子育て支援として現在よく耳にすることとは、おそらくあまり関係のないところにある。

映画"MicroBirth"の提起する問いを考えるにあたっても、「生の原基」としての出産を考える上でも、この国では、「医療介入を行うことのできない」助産所という出産施設が、さまざまな形でのバッシングや嫌がらせを受けながらも途切れることなく続いてきたことを忘れるべきではないと思う。自宅のような環境で、いわゆる医療介入をおこなうことなく、助産師と出産することができる開業助産所がどのようなところであるのか、実際にはほとんど知られていない。ひとつの具体的な実践の場として、日本の助産所とはなにをやっているところか、ということについての記述を試みる。

日本の開業助産所でおきていること

開発途上国の母子保健に関わるプロジェクト、および国際協力機構（ＪＩＣＡ）などが主催する日本国内研修においても、開業助産所が研修場所に選ばれるようになってきた。それぞれの開発途上国からの研修員は、「このように何もないところで、女性もケア提供者も満足し、安全な自然出産が行われていること」に多くの示唆を受けていることがうかがわれる。しかしながら、現実に日本の開業助産所で行われていることは、現行の医療の言葉では十分に語りつくせていないことも多い。日本の開業助産所では妊産婦に対して、具体的にどのようなことをおこなっており、それらは国際的文脈の中で説明可能なことなのか。日本の助産所でやっていることを開発途上国に技術移転することを考えるためには、日本の助産所で行われているケアを、具体的に記述する必要がある。
先行研究から、助産所ではフリースタイルの出産、お灸、マッサージ、食事指導を含む生活指導、検診（健診）、相談業務などのケアが実施されていることが明らかにされている。[(1)—(7)] しかし、このようなケアがおこなわれることや、不必要な医療介入がおこなわれないことだけで、助産所におけるケアの〝良さ〟は説明しきれていない。フリースタイルの出産や不必要な医療介入を避けることなどはＷＨＯによって有効性が示されており、[(8)(9)] 助産所だけでなく、一部の病院や産院といった助産所以外の産科施設でも、採り入れられているからである。[(10)—(13)]
女性は妊娠・出産・育児の時期に、助産師の継続ケアを受けることで女性として、人間として、そして親としても成長し、育児に備えることができると言われている。[(14)] 助産所のケアの〝良さ〟とは、実施されている個々のケアそのものではなく、これらを通じて女性の成長・変革を導いていることなのであろうと考え、二〇〇四年に、助産所で出産した女性と、開業助産師及び助産所に勤務する助産師を対象とする二つの質的調査を実施し、その結果から助産所において何がおこなわれているのかを把握することを目指した。この研究についてはいくつかの論文を書いているが、[(15)(16)] あらためて「助産所とはなにをするところか」をまとめておきたい。
調査では、東京都内のある助産所で出産した女性で、かつ産後一年程度にわたり助産師の継続ケアを受けている産婦、及び研究協力対象の助産所に勤務する助産師を対象とした。産婦には、出産場所を決めた理由、妊娠・出産を通して受けたケアの内容および印象、妊娠中の健康管理で心がけたこと、出産に臨んだときの気持ち、出産後の開業助産師とのコンタクトとその内容、を聞いた。助産師には、助産診断の方法とその内容、助産教育で受けたこと以外で学んだ技能・知識および知恵の内容、妊産婦の感情を感知する力の使い方とその習得方法、科学的思考と伝統的な技の使い方、を聞いた。

収集したデータの内容を分析すると、助産所で行われていることについて、いくつか概念を抽出することができた。①「公衆衛生的な活動」、②「助産所ケアの基礎は愛情」、③「できることには限界がある」、④「アジール（避難所）としての性格をもつ助産所」、⑤「行動変容の道場」、⑥「知恵の伝承の場」、⑦「動物的本能に還る場」、の七項目について説明してみよう。

①公衆衛生的な活動（当たり前に生活が営まれることを支える、生活に密着した活動）

女性からは「生活を見通されている……」「生活場面に降りてきてくれる」という声がきかれ、助産所では、より地域に根ざしたレベルで母子保健における継続ケアを展開していることがわかる。戦後の日本における公衆衛生の人材として活動してきた保健婦は、人々の生活する地域に出向き、生活のなかで人々の声を聞き、日常性を共有し、何が個々の人々の課題であるかをつかんできた。[15][16][17][18]その課題に対して、何をするのか、どのように実施するのかについては、現場で自分の裁量でベストの選択をすることの重要性が述べられている研究がある。[19]保健婦とともに歩んできたという研究論文の著者は、公衆衛生における保健婦活動の効果を判定する基準のひとつに、「健康状態の改善が、民衆の生活のなかにありありと認められるようになるまで、保健婦活動を民衆の生活のなかにしみこませる」ことが必要であると述べている。[20]しかしながら、昨今の保健活動は、上からの政策としての事業にふりまわされているうちに、地域や、そこで暮らしている住民が見えなくなっているのではないかという意見もある。住民の生活実態を心でとらえる時間がなく、表面的な机上プランで満足し、マニュアルの方法に依存して現実から目をそらしているのではないかという批判も起こっているという。

保健師がそのような現実と直面している反面、この調査からは、助産師の活動が地域に根ざしている姿が浮かび上がる。産婦から言及された助産所のケアの具体的内容から、公衆衛生の活動の本質的な部分である「地域に出向き住民の生活を知る、地域の人々と日常的につながり、課題をつかむこと」が示唆される。開業助産師自身も、自分たちは予防活動をしていると言及しており、助産所の助産師たちは、現在も生活に密着した本来の意味での「公衆衛生活動」を継続することができている。

〈**産婦からの声**〉

――入院中の疲れを助産師さんがすごく心配してくれて、家にいると休めないだろうからって（二人の子供たちを育児しながらでは産後の疲れは癒せない）、退院してからしばらくして産褥入院で三日間入院しました。助産所って、産んだら、はいおしまいっていうんじゃないんですよね。産んだ後も、育児のこととか親身になって相談に乗ってもらえるし、家族のことや家庭の内情なんかも相談できるのです。

――妊娠中の健診でも、健康で元気な妊婦さんと認めていただいて、自分の健康管理をできている私を認めてくださって。毎回認めてもらって、自分を受け止めてくださって、それを言われたいがために行くって感じだけで、健診に通っていました。

〈**助産師からの声**〉

――医療っていうのはさ、健康レベルが落ちたときに行なわれることでしょ。助産っていうのは、正常な健康レベルから逸脱することがないようにしたり、むしろ向上させるものだから。予防医学みたいなものかな。その人が持っているそのものの力があればいいんだから。

――やっぱりいろんなデータを見るより前に、お腹触って、足触って、むくんでいるとか冷たいとか見るでしょ。あんまり冷たかったり、むくみがひどいときには、こうやりながら（両手首を左右に揺らす。足をつかみながら横に揺らすことを表現）「もうちょっと靴下はいたら」とか、「長いタイツはいてみたら」くらいに言うわね。否定的なことは絶対にいわない。お母さんがリラックスした状態じゃないとダメだから。

開業助産師には、事例を通じて、関わる母子の健康情報を集める中で個別の事例の観察に終わらず、多くの事例に共通する内容や相違点、いくつかの要因間の関連などがみえている。集団の観察を行いながら、日々のケアにその結果を反映させている。すなわち、助産師のケアを具体的にみてみると、健康実態を記述的に観察することにより、客観的・統計的に把握し、予測・推測を行いながら、改善のための助言などの関わり方が、妊産婦自身に健康を高める意識を持たせ、具体的な行動に結びつけていることも理解される。

〈助産師からの声〉

――お産って、お母さんの努力ではどうしようもない部分があって、そこをセーフガードできる役割が私なのでしょうね。だからお母さん一人一人を全体的に知ろうとします。初診では家族のこととか、生活スタイルのこととか、それまでの職歴とか人間関係とかいろいろなことを一時間以上かけて詳しく聞きます。そういうのを全部聞いていると体重が急に増えたり、あれっと思うところがあっても予測がつくのですね。それで「体重が増えたのは何々が原因じゃない？」って聞くとばっちりあたっているのですね。

――瀬戸際に立つこともありますから、大事に至らないように予防することが重要なのです。その人のパーソナリティとか生活のバックグラウンドがすべて頭に入っているから、全部その人のことを知っているっていう信頼感覚があるわけです。

――妊婦健診でマッサージをすることもあるけれど、その人はどういう人なのだろうって、家族構成や生活スタイルなんかをできるだけ知り尽くしたいから、余計な話もじゃんじゃんして一時間以上話をします。だってお産する人のことをいろいろな角度から知っていないと。ほら夫婦関係はうまくいっていないとか、上の子供のことで心配になっていることがあるとか、そういうことがすべてお産に関わってくるのです。

助産所で出産した女性たちは、「産むのは私」と主体的にとりくみ、さらに「自分で生活習慣を改善する」方向へ導かれている。

〈産婦からの声〉

――助産所って、なぜ歩かないといけないか、食事はどうしてこういうものを食べないといけないか、ちゃんと生活に密着した内容で話してくれるのです。赤ちゃんとお母さんとを結ぶ臍の緒が太くなるようにとか、赤ちゃんが苦しい思いをしないように冷やさないとか、すごく説教じみているのにちゃんと聞けるので。まあ、そういう厳しいことを言われても耐えられたからこそあそこで産めたのですけど。自分のからだが整っていないと、そういう身体じゃないとここでは産めませんと最初に言われていたし。産むのは自分の責任でやることでしょ。なかなか親だって言ってくれないことを言ってくれるからありがたいなと。人の関わりがすごく温かくてやさしいです。

――食事制限や身体を冷やさないことをすごく助産師さんが言っていたのですよね。そういうのをちゃんとやれば問題なく自然に産めるのだってちょっと感激しましたね。出産って病気じゃないし、産むのは自分の力と赤ちゃんが生まれてきたいっていう力の協働作業なのだって聞いて、そうかそれなら私もそうしたいって思いました。

〈助産師からの声〉

――純粋に女性たちに寄り添えれば、医療なんてほとんどいらないのよ。リラックスすることで、身体が自然に開いて、あとは本人の力で産めるの。絶対守らなきゃいけないのは、産婦を一人にしないで、ずっと身体のどこかに触れてあげて、産婦を絶対に否定しないことだけ。

——身体の力ぬけないと産めないの。力ぬけるからやっと産めるのよね。いい状態でないと産めないの。いい状態で産むからいいのよ。身体がどこかおかしかったり、ゆるんでないと赤ちゃんは出てこないの。出産って、最後は身体が全部整って、全部中心にきてから産むからいいのよ。そりゃ痛いから、その間は帝王切開とか痛み止めとかうっとけばよかったって思うかもしれないけどね。自分の痛みに向かってあげないと生まれないの。でも、女性ならみんな向かえるの。そうやって産むから、産んだ後が楽なのよね。

——科学的なことだけでは説明しきれないことが起こるからお産はこわいと言われるぐらい、どんなに医療が発展しても解明しきれないこと、それは人間のもっている力の可能性が計れないことに匹敵するのではないかな。この仕事の面白さって、その人のもっている力を引き出して一緒にその力を見ていけることです。

②助産所ケアの基礎は愛情

「こんなに大切にされたことはなかった」「まるでお母さんみたいな存在」と多くの産婦が述

べていた。女性を大切にするケア提供者の姿勢は、女性が安心でき、出産の安全性を高めることにつながり、科学的根拠からもその有効性が明らかになっている。助産所のケアにおいて優しさと思いやりに満ちた愛情が重要であることは、助産師の発言からも示唆されている。

〈産婦からの声〉

――助産所で大事にされると、赤ちゃんも大事にしたくなる。私も赤ちゃんも、ちゃんと保護、守ってもらって、大丈夫だよ、いいのだよって。甘えかもしれないけど、身体を、心身をゆだねてやってもらえると、そう思える。助産師はお母さんみたい。

――助産所の良さって、信頼関係がきちんと築けていることですよね。だからどんなに厳しいことを言われても、ちゃんと受け止めてもらえる安心感が根底にあるから、平気で素直に聞けるのではないかな。マッサージとかお灸とかを通して身体と心に丁寧に触ってくれて。身体に触れてもらうのって、ほらこんな年になるとあまりないじゃないですか。小さいころはおんぶや抱っこをしてもらうけど、触れられることが少なくなっているから、身体に触れてもらえるとすごく心地よくて、出産までに妊婦が癒されて出産に臨めるのですよね。

〈助産師からの声〉

――まずはお母さんがいい体験しないといけないのよ。お母さんたちがいい経験できて、それが子どもたちに伝わるといい生活ができる。

――たとえお産の最中に泣き言を言っても「大丈夫よ。あなたには産めるよ」って「もう少し頑張ってみよう」ってその人に寄り添うことがこの仕事の醍醐味ですよ。痛いのに痛いと言えないでいられたりしているときは、自分が言ったことを受け止めてもらっていないとこちらも感じる。自分で産みたいと思っている人たちと付き合っていると、人間って自分のことは自分でやってみたいし、それで自分のプライドが守られているんだって実感できます。

――私もあなたを信頼している、人として信頼をしているから親としてのあなたも信頼できるよということが伝わったでしょうね。

③できることには限界がある（開業助産師は正常なお産しか受け入れられない、健康な人しか受け入れられないということがガイドラインになっている）

日本の助産師資格では、法的に、医療行為は実施してはならない。助産所の分娩の場合、正常分娩を自然のまま経過を見ることは可能であるが、分娩経過中に何か異常が起こった場合には、医療機関に患者を送る必要がある。助産所は正常妊婦のみが対象で、妊婦健診の途中で何か異常が現れたら、その時点で産科医の管理となる。分娩が始まってからでも、異常が現れたら産科医の管理に移行することが義務づけられる。

このようなリスクを「助産所の限界」として、女性側も事前に説明を受け、納得した状態で助産所のケアを希望している。「限界のある」ところであるからこそ、「ここで産みたい」という女性たちの思いが自らの状態をよくしていくことにつながっている。

〈産婦からの声〉

――わたしの状態がすごく悪くて、自宅で産むのは責任取れないって言われました。さすがに目を使いすぎたせいか、低体重児になっちゃって。三七〜三八週目の出産ぎりぎりまで働いていたのですけど、これは助産所の院長には言っていませんけど。お腹の子の体重が増えてこないので、助産所で産めるかどうか院長も判断難しくて、病院を紹介してもらいました。そこの医師が「助産所で産んでもいいよ」って判断してくださったので、助産所で産めました。

〈助産師からの声〉

――極力無理はしないし、自分のできる限界を知っていますから、開業助産師協会の出しているガイドラインに沿ってお産をやっています。例えば、合併症がある人が助産所で産みたいとおっしゃっても、ここでは医療行為ができないところですから、合併症があるとお産に支障があるかどうかは担当医じゃないと判断できないわけです。そういう人には担当の先生と相談してもらい、担当医が助産所でも大丈夫という太鼓判を押してくれないと無理ですと言っています。こちらが無理をしてできないことをやろうとしてしまうと事故につながることがわかっていますから。

――自然分娩の経験がないと、自分にとって危険だと思えることまでしてしまうから事故がおきるのです。

④アジール（避難所）としての性格をもつ助産所

ここでは「アジール」を周囲の文化状況からは切り離された「駆け込み寺」のようなものと定義してみよう。助産所には現代消費社会の価値観の見直しを迫られるような異なる世界があり、女性たちはそこで周囲の価値観にさらされないでいることができる。

「今までの生き方も変えられた」「今の豪華な病院で産む人たちの感覚と離れたところ」など、女性自身が異なる価値観を持ったことが言及されている。さらに「私自身が育つ」「自分自身の育ちなおし」と出産を通して自分自身の成長を経験しており、その後の子育てや社会活動への自信となっていることもうかがえた。

「だんだん外の世界（助産所から出られること）へ行きたくなくなっちゃう」「この世界に踏み入れた人にしかわからない」などの表現もある。女性たちは、助産所において夫婦関係や母子関係、さらには嫁姑関係の相談までしているが、助産所が「駆け込み寺」であるからこそできることであろう。

〈産婦からの声〉

――自分自身の育ちなおし、自分が失った時間を、もう一回、取り戻している。だから万難を排してとは言わないですけど、生きている力を阻害しない。そういう子供の育て方をするためには、そういうお産をしないと難しいです。

――私も含めて助産所で産む人たちって、今の風潮の豪華な病院で産む人たちの感覚と離れたところに位置しているかもしれませんね。そういう世界に足を踏み入れた人にしか伝わらないものなのですけれど。

〈助産師からの声〉

——妊娠中いろいろな話をしていると、そのお母さん自身が自分の母親と関係が悪かったとか、ネグレクト（母親の育児放棄）だったとか、夫との関係が不仲だとか、いろいろな話を聞きます。お産までになるべくそういう、その人のひっかかっていることを知っておいて、対処方法を講じておくようにしています。たとえば、その人の夫と会って話を聞いてみるとかね。丸ごとその人を知るようにすると「ああ、これでお産が遅れていたのね」ってちゃんと理由がわかって待てるのですね。とにかくお互いが安心して出産に臨めるように努めています。妊婦さんから何かサインを出しているのに、こちらに届かないではどうしようもないでしょ。だから全人的な関わり方をしていかないと難しいですね。ケアをする存在というよりは伴走者かな。

——最近は本当に母子関係がうまくいっていない人が多くて、妊婦さんのお母さんとか義理の母へのアプローチが必要なこともたくさんあります。

⑤行動変容の道場

不適切な行動を望ましいものに改善することを指して、行動変容と定義されているが、実際の行動変容は容易ではない。「健康教育は知識を増やしても、なかなか行動変容にはつながらない」というのは長い間、公衆衛生分野での課題でもあった。

しかし、助産所でのケアを通して、女性たちは明らかな行動変容を経験している。はじめは助産所で言われたことに「驚いた」「そんなことできるわけない」と思っていた女性たちが、受けるケアを通じて自らの行動を変え、そのことによって心身ともに心地よいと感じる体験をしている。

〈産婦からの声〉

――助産所では冷えと食事のことはすごく厳しく言われました。今まで自分の身体のことなんてじっくりと感じたことがなかったのですけど、ぼやっと温かくなるのが心地よいというか、身体が喜んでいるのがわかるのですよね。それまでは冷えていることが赤ちゃんには良くないなんて聞いたことがなかったから、お産が難産になってしまったり、臍の緒が太くならないとかお腹の赤ちゃんに悪いなんて考えたことがなかった。

――助産所でのお産を通して、自分の身体を大切にするようになりましたね。摂る食物に気をつけると、自然と自分自身の身体のことを考えるようになるのですよね。自分の身体にすごく敏感になったというか、こういう野菜を食べるとあっ！　温かい！　という具合で。ちょっと調子が悪いな（寒気がするとか、身体が熱っぽいとか）と感じるときは、着るものを増やしたり、身体を温める食物を意識的にたくさんとったり、それまでちょっと熱っぽいなと思うと風邪薬を飲んでいたのに、今はよっぽどでない限り、薬は飲みませんね。

――逆に怒られないと、そこまでしないとやらないのかなとも思います。怒られて初めて、「あ、そこまでやらないと産めないのだな」って気づけるっていうか……。助産師さんのほうが、やっぱり正当なことを言っているのだし、言うことを聞かなきゃって。そうじゃないとほんとに病院行きになっちゃうって。

〈助産師からの声〉

――その人が無理そうなことは絶対求めないですね。無理なものは無理ですから。一つずつしかできるようにならないからね。早く寝られないっていうなら、なんで早く寝られないのか聞く。よく聞いてみると、仕事の時間短くしましたとか言って、午後出勤で七時まで働いていたりするのよね。そうしたら、帰るのが八時よね、夕飯食べるのが九時よね。十二時に寝るのが精一杯じゃないって。そうしたら、もう少し生活を変えたりできるのではないかと別の考え方を話したりしながら。

――ここは何もできないでしょ。医療的なことが。だから自分のホルモンだけで産まないとだめよと最初から言っているし、病院にくる人と比べて自分の身体への意識が高いし、すごく勉強していますよ。他力本願じゃないのですね。私は緊急事態になれば病院に搬送しないといけないし、本当に何もできないですよ。それでもいいと覚悟しないとここでは産めませんよ、と最初の問診のときにすごくおどかしているせいもあります。だから、助産師に何かしてもらおうと考えている人はいないし、自分でやるという気構えができている。

⑥知恵の伝承の場

妊娠・産後の生活面で助産師から伝えられていることを、おばあちゃんや、お母さんが伝えるようなことであると表現している女性が多い。野菜や穀物中心の食習慣や、肘や膝、足首までおおう、身体をなるべく冷やさないような衣類を使うことなど、継承されてきた生活の知恵を、実の祖母や母親に代わって伝えていることがうかがわれる。

〈産婦からの声〉

――夜は何時に寝ているの?とか、なに食べているの?とか聞かれることで、また一カ月がんばろうって思えるのです。お産のエキスパートですからね。もちろん、お医者さんもエキスパートだけど、助産師さんは、生活のエキスパートってかんじ。昔のおじいちゃん、おばあちゃんみたい。

――私って、母や祖母がいなかったから、身体を冷やす食べ物が何とか、温めるものは何とか、生活の知恵を聞く人がいなかったのですよね。だから助産所でそういうことを教えてもらえて忠実に守れたのですよね。へぇー、こんなことってあるのだ、みたいに。

〈助産師からの声〉

――昔はちょっと冷えそうな格好していたら、近所のおばちゃんとかお姉さんとか寄ってきて、「ちょっと冷やすのはよくないよ」って言ってもらったものです。

――自然なお産には自然療法がとてもフィットするのです。だから独自の日本の文化に根ざしたところで私はやっているのです。もっと産みたかったけどもうお産はこりごりっていう女性をこれ以上つくりたくないですね。その姿勢が結果として自分の子供にも伝承されていくのでしょうね。

――自分の母たちから、お産とはなんぞやということからはじまり伝わっていないことが多くて、それを私たちが伝えているのでしょうね。

⑦動物的本能に還る場

出産体験を「すごく満足したお産でした」、「自分で産みました」と表現する女性が多い。また、「本能」という言葉で出産体験を表現している女性も多い。女性はよいお産をすると、「またお産したい」「また子どもがほしい」と思うことが多いが、助産所で出産した女性たちのほとんどが同様の表現をするのは興味深い。

女性たち及び助産師の言及している言葉から、助産所は単に自然出産に対応する技術がある、とか女性にパワーを与えるというよりは、「動物としての人間」に帰還していく雰囲気、本能で産む雰囲気づくりを目指していることが窺われる。

〈産婦からの声〉

――一日赤ちゃん（子ども）から断絶されるとわからなくなるのですよね。何がというと、皮膚感覚がっていうか、なんとなくつながっているもの。子どもを見て、何で泣いているかって考えてみて、何をどうしてあげるとかがわからない。皮膚感覚として伝わるものが、取り戻せなくなる。

――子供なんて本能のままじゃないですか。お産した直後の母親も、本能のままおっぱいをあげて、おっぱいをつくるために食べて寝ての繰り返しですよね。本能をつき合わせてきているから、すごく一体感があるのです。

――産後って私が動物そのものになっていて、子供が哺乳類っていう感じなのですよね。

おっぱいあげて、おっぱい作るためにごはん食べて、寝ての繰り返し。すごく単純なことをこなしているだけでしょ。その時に、食べることってこんなに大事なのだなと気づかされるのです。

〈助産師からの声〉

――生まれたばっかりの赤ちゃんをお母さんが抱きとめるってさ、一番動物的っていうか本能のことでしょ。普通に生きていてさ、本能を感じることなんてあんまりないじゃない。まぁ、セックスの時とか排泄のときくらいでしょ。本当に本能を感じるのって、やっぱりお産のときだと思うのよ。一生忘れない、動物的になることを楽しんで、それをサポートするの。

――お産を通して、初めて自分に気付くの。自分も動物なのだって気付けるのは、お産が最後で最高の場所なの。

――女性って自分の好きな人ができるとこの人の子供を産んでみよう、本能的に自分のもっている力をまっとうして産んでみたいって思うでしょ。本来身体に根付いているもの、産める力を使って産めると、基本的ニーズが満たされていると、身体自体が満足するのです。

――女性は皆きっと自分の力で産んでみたいと本能的に思っているのだと思います。でも自分の力で産んでいないとそういう潜在的な思いが達成できない喪失感、自分の自信を失っているのではないかな。だからこそ自分の身体に向き合っていけるような関わり方、お産のときにはついていてあげるという安心、それに「自分で産めたのだ。私にもできたのだ」っていう達成感を味わってもらいたい。

日本の開業助産所でおこなわれていること、これらが他の医療施設や産院とは異なっていること、そのようなことが人間がもともと子どもを産んでいた経験にできるだけ近いものとなることを結果として目指していること。そのような場が今も日本に残っているということ。「生の原基としての母性」の目に見える現場としての開業助産所で起こっていることを今後も追っていきたいし、この経験を次世代に継いでいきたいと考えている。各論から立ち上げることで、「生の原基としての母性」のかたちがおぼろげながらでもみえてくることのひとつの例である。

II

〝生殖〟のからだを生きる

第4章　母乳哺育

母乳の出ないケアをしているから、母乳が出ない

私たちはみな、生まれて、死ぬ。そして多くの人の場合、生まれて、死ぬ、ということの間に、次の世代を産み、育てる、ということが加わる。つまり人間は、生まれて、次の世代を残して、死ぬ。「生の原基」というのはそういうものであろう。その形は、あたりまえのことではあるが、生きものが生きものたるゆえんである。

すべての文明は、「生の原基」、つまり人間が生まれて、次の世代を残して、死ぬ、という基本形の上に、さまざまな制度を作り上げ、二次的に多くのものを構築し、システムとして機能

させてきた。しかし、その方向性は必ずしも「生の原基」の方向に合致するとは限らない。とくに、二十世紀から二十一世紀にかけて、私たちが営々と積み上げてきたシステムの多くは、私たちに発展という名の福音をもたらし、数々の病を克服することを可能にし、科学への信頼を深めることとなったが、それがはたして、生の原基と反目しない方向に進んできたのか、といわれると、それは大変こころもとないことであり、それがこの本のテーマである、ということはすでに述べた。

私たちは、「生まれて、育てて、死ぬ」という基本の形そのものに、喜びと満足がある、ということをあまりよく覚えていられなくなったのである。例えば妊娠・出産は、よく体を動かし、生き生きと暮らすほとんどの世界中の女にとっては、長いこと、たいしたことではなかった。もちろん危ないこともあったし、死ぬこともあった。それは生きる、ということ自体が、いわばリスクに満ちているのだから、避けがたいことであった。しかし、「死」を出来る限り避けようとする「近代医学」の体系を全力を挙げて精緻に作りあげ、その恩恵を潤沢に受け取ってきた私たちには、もはや、妊娠・出産を「リスク」という言葉なしに語ることは許されない。それは、医療者にとっても女たちにとっても、すでにあたりまえの日常ごとではない。リスクを最小限におさえる努力がなされて当然、となった。

妊娠・出産がすでに「あたりまえの日常ごと」ではない、この二十一世紀において、どうして「母乳哺育」、要するに「赤ん坊がおっぱいで育つ」ことだけは、「あたりまえの日常ごと」として存在することが出来るだろうか。生の原基としての母乳哺育は、高度消費社会である現代において大きなチャレンジとなってしまった。「母乳で育てるということ」は、関わるプロフェッショナルにとっても、当事者の女性にとっても、この世界を構築している多くのシステムと対峙する、ということを意味するようになった。

現在の日本では、「母乳哺育」は、「母乳信仰」などとよばれ、「母乳がよい、母乳をのませるべきだ、といって、母乳が出ない人を苦しめている。母乳が出ない人もいるのに、そのように女性に強制することはとんでもないことだ」という論調が、ポリティカリー・コレクトな言説となっているようである。日本で売っている粉ミルクは品質も安定しているし、日本の母親の識字率も高いから粉ミルクを作り間違えることもないし、母乳が出ない人はそれでよい、ということにまちがいはない。しかし多くの場合「母乳は出ない」のではなく、「母乳が出ないようにされている」から母乳が出ないのである。

私たちは動物であるから、産んだ子どもを自分から離すことなく、そばにおき、赤ん坊のにおいをかぎ、初日から乳はでなくても、しっかりずっと乳房を吸わせることで、母乳が出るようになり、母乳哺育が確立していく。生まれてすぐの赤ん坊を自分から離してしまえば、我々人類は頭が良いから、子どもを産んだことを頭では忘れはしないが、からだが忘れる。「お母さんも疲れているからお休みください」などといわれて、産まれたばかりの赤ん坊を「新生児室」に預けたりしていると、母乳は出ない。産まれたばかりの赤ん坊が自分のそばから引き離されようとすれば、子猫に手を出された母猫のごとく怒って、赤ん坊を取り戻すべきであるが、適度に文化的な教育を受けている我々は、赤ん坊を新生児室に連れて行く看護師にかみついたり、医者を爪でひっかいたりはしないで、ふつうはおとなしく従う。

低体重児であったり、なにか異常がない限り、元気な赤ん坊を「新生児室」に全員隔離する必要は全くないし、子どもを産んだ直後の女性は、意識的に非常に覚醒した状態だから、すぐに休まなくても大丈夫なのであるが、医療関係者に「休んでください、赤ちゃんは預かります」と言われると、そういうものかな、と思うのである。

日本の多くの病院に「新生児室」という元気な赤ちゃんを全員、母親から離して隔離しておく部屋がある。我々の多くは、「親戚の赤ちゃん」とか「友人の子ども」とかを病院に見にいくと、目的の赤ちゃんを母親のそばに見つけるのではなく、赤ちゃんがずらっと並んだガラス張りの部屋に見つけることが多い。その部屋が「新生児室」である。

「新生児室」は二十世紀の小児科の大きな誤り、といわれている。第二次大戦後、「衛生上」の理由で新生児を全員同じ部屋で病院スタッフが管理する「新生児室」が世界中でできたが、「母と子が物理的に離れるため、母乳哺育の確立が難しい」、「母と子の絆（bondingという）を築きにくい」、そのうえ、一人の赤ちゃんが感染症に罹患すると全員がかかってしまうかもしれないという「感染症予防の観点からも問題がある」ということで、新生児室存続には科学的根拠がない、ということになってしまった。

何の科学的根拠もないことを病院で続けていること自体は、何も珍しくはないため、日本の多くの病院で新生児室が今も使われているのだが、これは文字どおり「日本の常識は世界の非常識」の代表的な例と言える。産まれたばかりの赤ちゃんをお母さんから離し、さらに後で述べるが、そこで「粉ミルクを哺乳瓶でもらう」と、赤ちゃんはあっという間に哺乳瓶に慣れてしまって、おっぱいを吸おうともしなくなる。このようにして、日本の多くの産院では、母乳が出るはずなのに、出ないようなケアをしているところも少なくないのである。

現在、「母乳、母乳といって、出ない人を苦しめている」というが、そういう人の〝敵〟は母乳哺育推進をしている人たちではなく、母乳哺育が確立しないようなケアを平気でしている病院や、粉ミルクをサンプルとして渡している乳業メーカーや、それを容認している厚生労働省かと思うし、運動を起こすなら「もっと母乳を与えられるような出産施設にしてほしい」というものであってしかるべきと思うのだが、そうならないで「母乳哺育推進じたいが母親に負担である」という方向に行ってしまうところに、生の原基と敵対する文明の哀しさが透けてみえる。

日本の「粉ミルク」の特殊性

WHO(World Health Organization 世界保健機関)は母乳哺育を、「最初の六カ月は完全母乳、のち、適切な食事と併用しながら二歳あるいはもっとあとまで続けることになるもの」と説明している。母親にとっても子どもにとっても健康上の利点は明らかである。〝科学的根拠〟はいくらでもあるが、哺乳類である人類にとって、次世代を自分の乳で育てることは、〝科学的根拠〟の提出を待たなくても、あたりまえであろう。再度申し上げるが私どもが生きている二十一世紀の文明は、人間が生きていく上での「あたりまえのこと」をあたりまえにすることに敵対しているのであるから、世界保健機関がわざわざリマインドする必要があるわけである。

この「最初の六カ月を完全母乳で育てる」とは、つまりお茶も水も飲ませなくてよい、果汁などもいらない、それが一番よい、ということである。WHOとUNICEF(United Nations Children's Fund)はこの「六カ月完全母乳」をexclusive breastfeedingと呼んでおり、それを可能にするためには、出生後一時間以内に母乳を与え始めることが重要である、という。「完全母乳」とは赤ちゃんがただ、母乳のみを与えられることをいい、他の食べ物や飲み物は、水でさえも与えないこと、授乳は昼間、夜間に関わらず、赤ちゃんが求めるときに、何度でも与えること、哺乳瓶やおしゃぶりの類いは一切必要がないこと、である。完全な実現はなかなかむずかしい。[1]

日本では、戦後十年を境に急速に粉ミルクの時代になっていった。私自身は昭和三十三年生まれだが、私たちの世代で母乳で育っていない人は多い。この時期の日本のみならず、アジア、アフリカ、ラテンアメリカへの粉ミルクの急激な普及の背景には、少子化を迎えたヨーロッパ各国で粉ミルクが売れなくなったので、欧米の乳業会社が開発途上国に売り込みをかけたという事情があるといわれている。同時に日本では、戦後のベビーブームとともに出産が施設化していく。病院出産が急増したために、看護職の人手が足りなくなっていった中、乳業会社が病院の新生児室に人を送るようになる。調乳指導というかたちで白衣を着た栄養士や看護職あるいは「そのようにみえる人」が乳業会社から送り込まれる。実際に、その時代を経験した医師によると、ベビーブームの人手不足の時代には、その人たちに病院の仕事を手伝ってもらっていて非常に助かった、というのが実態であるらしい。それとともに哺乳瓶と粉ミルクが急速に日本に入ってきて、病院で粉ミルクのサンプルをもらうことが当たり前になる。

今も、少なからぬ日本の病院では、粉ミルクや哺乳瓶をサンプルとして無料で母親に提供しているし、調乳指導の名のもとに乳業会社の人が病院に入っていることは、めずらしいことでもないし、日本の母親たちはこれを普通だと思っていることだろうが、実は海外では広告規制の対象となる行為である。ヨーロッパでも、開発途上国においても、WHOが厳しい規制をかけており、禁止されている。こうした粉ミルクの販売戦略によって、母乳が十分出るはずの人までミルクユーザーにしてしまうからである。

人間も哺乳類であるから、本来、母乳で育つのが一番よいのは自明の事実である。ウシの乳より、ヤギの乳より、ヒトにはヒトの乳がよい。しかしながら、赤ん坊にとって母乳を吸うのは初めはなかなかの苦労なのである。母親のおっぱいにしっかりとりついて、一生懸命吸わないと出ないし、しかも生まれてから最初の三日ぐらいは母乳はほとんど出ない。母乳が出なくても赤ちゃんはもともとお母さんから十分な水と栄養をもらって生まれてきているので、三日くらいの期間であれば水や粉ミルクを与える必要はない、といわれる。その時期に、懸命に吸いつかなくても、すこし吸えば、すぐにミルクが出る構造の哺乳瓶をつかって、母親のおっぱいより甘みの強い粉ミルクで「楽《らく》」をしてしまうと、赤ちゃんはおっぱいを飲もうとする努力をしなくなる。母乳で育つべき人間の赤ちゃんに、最初の時期に哺乳瓶で粉ミルクをあげてしまうと、おっぱいに戻ってこなくなるのである。人間は易きに流れるのだ。

ここでは粉ミルクと言っているが、実は、赤ちゃん用の粉ミルクは正確には「**Infant Formula** インファント・フォーミュラー。母乳代用品」といい、単なる牛乳を粉にしたものではない。日本ではこの母乳代用品を粉ミルクと呼ぶのが普通であるので、ここで粉ミルクは母乳代用品のことを意味する。しかし、海外では粉ミルク(パウダード・ミルク)といえば、牛乳を粉にしたもののことであることが多く、こちらは広告規制がかからない。普通のパウダード・ミルクなどは、たとえばラテンアメリカなどではとても人気がある。このパウダード・ミルクとは、インファント・フォーミュラーではなくて、スーパーで売っているような、牛乳を粉にしただけのものなので、こちらの方がインファント・フォーミュラーよりずっと安く簡単に買えるのである。冷蔵庫を家に持たない人たちにとっては、冷蔵の必要のないパウダード・ミルクは便利なものなのである。これはいかにも赤ちゃん用の粉ミルクに見えるが、普通の牛乳なので、赤ちゃんに適したものではない。

「粉ミルクの方が元気に育つ」の嘘

一九六〇年代、ヨーロッパの国々では出生率が軒並み低下し、粉ミルクの市場が縮小したため、ネッスルなどの乳業メーカーは、開発途上国に進出していき、過剰な広告展開を始めた、と述べた。粉ミルクの過剰な広告とは、たとえば、母乳よりも粉ミルクのほうが、子どもが元気に育つかのようなイメージを与えるような広告のことである。現在五十歳代以上の人たちは、まるまると太った「健康優良児」の赤ちゃんをポスターにして、乳業メーカーが協賛し、赤ちゃんのコンテストをしていたのを覚えているのではないか。似たようなことが世界中でおこなわれていたらしい。世界中どこでも、子供を元気に育てたいという母親の思いはかわらない。だから、自分の子どもがより元気で賢く育つ、ときかされると、無理してでもそういうミルクがほしい。こういうものを飲ませるとこんなに元気な赤ちゃんが育つ、と思うのである。貧しくて、ろくなものを食べていない自分の母乳より、このポスターにある近代的な粉ミルクの方がよいようにみえるから、お母さんたちは粉ミルクを飲ませようとしたのである。

さらに、乳業会社は病院や産院に、膨大な無料サンプルを渡す。途上国のようにもののない国でこういうものをもらえば、やはり嬉しい。日本でも十分に喜ばれているのだから、開発途上国で粉ミルクが配られればなおさらであろう。病院の産科医に差し入れをしたり、乳業会社が産婦人科の学会のスポンサーになったりする。こういうことが、日本でも、東南アジアでもアフリカでもラテンアメリカでも、一九六〇年代から始まった。

その結果、世界中の産院では粉ミルクが過剰に使われ、人工栄養の赤ちゃんが急速に増えていく。日本では、もちろん粉ミルクを与えても赤ちゃんが死ぬことはない。粉ミルクは研究に研究を重ねられて作られているから、内容もどんどん母乳に近づいており、安全であるし、日本の衛生環境と、母親の教育水準も保たれているから、作り方に問題はないからである。哺乳瓶は丁寧に消毒するし、きれいな水も使うし、誰でもきちんとした濃度につくることができる。国内の衛生環境と、基礎的理科教育の賜物である。

ところが、アフリカなど当時の開発途上国では、これができない人が多かった。それでなくても水が足りないので、哺乳瓶をきれいに洗うことができない。汚い水で粉ミルクを溶いてしまうし、粉ミルクの値段は高いので、節約しようと、色が同じだから、と、二〇〇ccの水に五杯粉ミルクをいれなければならないところを一杯ですませてしまうこともあったという。汚い水のため、細菌が繁殖したり、薄いミルクを飲まされたりして、一九六〇年代には多くの開発途上国の赤ちゃんが下痢や栄養不足で亡くなる。一九六〇年代から七〇年代には欧米の市民運動家や小児栄養の専門家が抗議運動を始める。乳業会社として知られるスイスの多国籍企業ネッスルを市民グループが告発した『ネッスルは赤ちゃんの敵?』[2]という本が出たのもその頃で、途上国の粉ミルクの半分以上のシェアを持つネッスルに対するボイコットもはじまった。ボイコットキャンペーンは、アメリカ、カナダ、ニュージーランド、オーストラリア、イギリス、スウェーデン、西ドイツなどに広がり、その後も繰り返された結果、乳業会社の営利本位の暴走を防ぐことを目的としてWHOとUNICEFは一九七〇年に、粉ミルクに関して、「母乳代用品の販売流通に関する国際基準」、通称WHOコードをつくっていったのである。

WHOコードの具体的な内容は、「母乳代用品は一般に宣伝してはいけない。母親に無料のサンプルを与えてもいけない。無料あるいは優待価格での粉ミルク提供を含め、保健・医療機関に販売促進活動をしてはいけない。企業が派遣する人が母親に接触してはいけない。つまり、調乳指導の名のもとに赤ちゃんやお母さんにコンタクトを取ってはいけない。保健・医療従事者に贈り物やサンプルを渡してはいけない。医療従事者は母親に製品を渡してはいけない。赤ちゃんの画像を含め、人工栄養を理想化するような言葉、画像を使用してはならない。保健・医療従事者への情報は、科学的で事実に基づくものでなければいけない。乳児の人工栄養に関するすべての情報は、母乳育児の恩恵と優位性と、人工栄養に伴う経済コストと危険性を説明していなければならない」というものである。

粉ミルクでも育ちます、ということを最初から言ってはいけない。母乳育児のほうが赤ちゃんのからだにもお母さんのからだにもいいし、母子の絆をつくるためにも母乳のほうがよいということを、まず言わなければならない、というのである。

こうしたＷＨＯの基準は、あくまで「勧告」で、強制力はない。各国政府がそれを批准してどの程度法律化するかによって、実際どのくらいひろがっていくかが決まる。アフリカ、アジア、ラテンアメリカを中心とした国々では、このＷＨＯコードの内容をほぼ全面的に法制化している。ヨーロッパでもかなりの部分が法制化されているという。日本とアメリカはほとんど法制化していない。

ブラジルは、母乳哺育がよく定着しているといわれる。一九七〇年代までは、今まで述べてきたような乳業メーカーの広告戦略によって、ミルク・ユーザーが増え、母乳哺育が重要視されていなかったという。未婚の母親が子どもを産んだとき、その子供の父親たる男性が、法的に子どもを認知していなくても、粉ミルクを運んでくれば、父親が自分の子供だと認めた、という形で粉ミルクが使われていたという。つまりは粉ミルクが父親の証であったから、母親たちは男の人が運んでくる粉ミルクを赤ちゃんに飲ませていたわけである。このように広告戦略によって作られた粉ミルクの文化が根強く残っていたので、ブラジルの母乳哺育復活への道筋はたいへん困難なものであったというが、小児科学会と政府の力で、このWHOコードをもとに母乳哺育を推進する法律がつくられ、一九八〇年代末ごろまでにはブラジルの母乳哺育率は急速にあがり、ブラジルの乳幼児死亡率低下に貢献していくことになる。

ブラジルの法律は非常に厳格で、いわゆる乳児用の粉ミルクは、まるで医薬品のようなパッケージで薬局の奥の棚におかれている。多くの公立病院は哺乳瓶や粉ミルクを完全に駆逐していて、未熟児やからだに問題のある赤ちゃんのいるNICU（新生児集中治療室）などでも、保育器に入っている小さな赤ちゃんにも、看護職が小さなコップを使って、赤ちゃんにすこしずつ母乳を飲ませていた。からだに問題のある赤ちゃんこそ、母乳で育つべきである、という考え方は徹底しており、こういった施設で哺乳瓶をつかって粉ミルクをあたえてしまうと、そののち、自宅に帰ったときに赤ちゃんは母乳を飲まなくなってしまう。だから赤ちゃんには小さなコップで母乳を飲ませ、お母さんには母乳が出なくならないように、おっぱいのケアを続ける努力をしていた。ブラジルの公立病院には「ミルク・バンク」というシステムもあり、そこではおっぱいがたくさん出るお母さんにもらった母乳を殺菌し、おっぱいの出ないお母さんやＮＩＣＵの赤ちゃんに殺菌の上、提供することもやっていた。病院の新生児科に哺乳瓶がある、ということこそやめなければならない、という姿勢は日本ではなかなか理解しにくいだろう。

「カンガルーケア」――赤ちゃんとのふれあい

粉ミルクより母乳哺育のほうがよいという科学的根拠は、数え切れないほどある。たとえば出産後、母親と赤ちゃんが早期に肌と肌を触れ合わせて、ＷＨＯの「母乳育児のためのガイドライン」に沿って、産後一時間以内に授乳を開始できるようにサポートするのが母乳哺育確立のために有効である。産後一時間以内に、お母さんと赤ちゃんが体をくっつけて授乳を開始する。お産が帝王切開であっても、赤ちゃんをお母さんの胸にのせて授乳させることが推奨されている。

生まれたばかりの赤ちゃんとお母さんが肌を触れ合わせるというこの方法は、日本では「カンガルーケア」という名前で二〇〇〇年代以降、知られるようになっている。カンガルーケアとは、哺育器が十分にない地域の低体重の赤ちゃんの保温を目的として始まったケアだったのだが、それがアメリカに広まり、母子のスキンシップというような解釈を加え、日本に輸入されてきたようである。国際保健の現場で、カンガルーケアというと、生まれてすぐの赤ちゃんを胸に抱くという意味ではなく、低体重児を母親がはだかの胸に直接肌と肌がくっつくように抱いて保温することを意味する。

「カンガルーケア」は、もともと南米のコロンビアで、低体重児に対する処置として行われていたものだった。低体重の赤ちゃんは、哺育器が十分にはない開発途上国では別の方法で保温しなければならない。そこで赤ちゃんとお母さんの肌を触れ合わせることによって、低体重の赤ちゃんの体温低下を防ぐという発想が生まれたのである。斬新な新しい発想、というよりも、もともとは母親や出産介助者たちの知恵としてやっていたことなのであろうと思う。

親しくしている現在六十代の日本の開業助産師の方は、自分自身が低体重で生まれたため、お産婆さんが自分のふところにはだかでいれて、育てられたのだ、とおっしゃっていた。小さく産まれた赤ちゃんをはだかにして自分のはだかの胸に抱き、上から衣服を着ることであたたかく保温することができるのである。こういった方法は小さな赤ちゃんのみでなく、むずかる赤ちゃんや小さな子どもに対してよくおこなわれていたことが、江戸時代の文献にもみられる。自分の懐に赤ちゃんをはだかで入れていては、おしっこやうんちをされて困るのではないか、と思われるかもしれないが、肌と肌をくっつけていると、赤ちゃんが排泄したい、という感覚は自分の感覚のようにわかってくるから、特に困らなかったのではないか、と考えられる。このことは後の「おむつなし育児」研究の章でくわしく述べる。

コロンビアやボリビアは高地にあって気温も低い。一〇〇〇グラム、一五〇〇グラムぐらいの小さい赤ちゃんを、お母さんが懐に入れて、その上から布や衣服でくるんでいく。まさにカンガルーのように、お母さんの胸に赤ちゃんをずっと入れたままにして保温するのである。ラテンアメリカでは一九九〇年代に盛んに行われるようになり、ブラジルの病院では、お母さんが赤ちゃんを胸に入れたままの姿勢で寝られるようなクッションもつくられていて、文字通り寝ても覚めても赤ちゃんを懐の中に入れていた。現代的な感覚からすると、「そんなことをしたら、お母さんが赤ちゃんから離れられないし、重労働であり、母親に大変な負担である」といわれそうだが、実際に、この小さな赤ちゃんを懐に入れる、ということをすると、お母さんは本当に赤ちゃんがかわいくてかわいくてたまらなくて、ぜったいに赤ちゃんを離したくない、というようになるのを私自身も観察した。このような、「理不尽に赤ちゃんをかわいいと思う」とか「ことばにできないようなあふれる思い」のようなものがなければ次世代育成というのはつらいことばかりである。「理不尽に赤ちゃんをかわいいと思う」契機をどのようにつないでいくか、ということは、この本のテーマである。

母乳哺育にももちろん、そういう「理不尽なあふれるような感情」がともないうるもので、粉ミルクを足さないで六カ月完全母乳哺育をおこなった母親たちは、世間でいわれるような「赤ちゃんとずっと一緒にいなければならないので大変」とか「母乳をあげると肩が凝る」とか「女性に負担である」というような意見とは最も遠いような、子どもとの時間の豊穣を感じていることが多く、自分の周囲にも完全母乳のよさを広めたい、と思うようになることが多い。全国にひろがっている「自然育児友の会」は、そのような、栄養面だけではない母乳哺育の豊かさを母親同士で伝えたい、と始められた組織である。

母乳哺育に関する日本の出産関連施設における現実はどうだろうか。二〇〇三年に、WHOの提唱する「科学的根拠に基づいた母乳哺育推進のためのケア」がどの程度実施されているかについて、日本産婦人科学会と日本助産学会の産科医と助産師を対象に調査を行ったことがある。(3)母子同室の実施に対しては、実施の有無にかかわらず、「賛成」と答えたのは産科医で六〇％弱、助産院以外に勤務する助産師で約九〇％であった。さらに、「母子同室は母乳育児の促進について重要か」という問いに、「とても重要」と回答したのは、産科医では二〇％に満たず、助産師でも病院に勤めている人では六〇％程度であった。つまり、それほど重要視されていない。そして、自分が勤務する病院で、母子同室を実際に行っているかという問いには、〇％もしくは二〇％以下と回答した産科医が半分以上で、「自分の病院では実施していない」と答えた産科医が過半数を占めた。これが現実であると思う。科学的根拠があっても、現実にはそれより優先されるものがたくさんあり、利益優先の世界にあって母乳の大切さを説くということは、容易ではない。

母乳哺育期間の環境整備と、避妊効果について

母乳哺育の期間については、現在あげられている科学的根拠によると、いつやめなければならないということはなく、母と子の状況で、いつまであげてもいいとされている。かつて日本でもそうであったのだとおもうが、現在の途上国では母乳は赤ちゃんにとって貴重なタンパク源なので、遅くまで与えたほうがいいという見方もある。しかし、現実には二歳をすぎると母親のほうが体力的にきつくなってくるようにみえる。ロンドン動物園に行ったときに、ゴリラやチンパンジーなど霊長類の母乳哺育期間が記されており、ヒトのところには二年と書いてあったので、霊長類学から見ると二年なのかと思って見ていたことがある。途上国では母親が疲弊するという意味の「Maternal depletion（母体の疲弊）」が話題になったこともある。産後のお母さんは長く授乳を続けていると、疲労と栄養不足によって消耗していくことがあり、これが妊産婦死亡率の一つの遠因になっているのではないかという議論もあった。実際二歳をすぎ

て母乳哺育をしていると、子どもも〝交渉能力〟で、言葉巧みに母乳を要求するようにもなるのでやめにくい、ともいわれているから、長く授乳すればよい、というものでもないのかもしれない。少なくとも生後半年の完全母乳と、そのあと一歳くらいまでの母乳哺育が可能になるようにする周囲の環境整備が求められていると思う。

完全母乳哺育による自然な避妊効果も、もっと知られてよいことだろう。粉ミルクと混合にせず、完全母乳哺育をしていると、ホルモンの働きにより、出産後、排卵しにくくなる。六カ月完全母乳の後、離乳食を始めても母乳を続けていると、だいたい子どもが一歳になるくらいまで排卵しないことが多く、次の子どもを妊娠しにくい。子どもを続けて産みすぎるのは当然、母体には負担であるから、完全母乳哺育をすることによって、次の妊娠までのスペースを空けることができる。長く授乳しすぎるのもきついが、適度な授乳は実際には先述の Maternal depletion（母体の疲弊）をさけることにもつながる。

栄養の面からだけ考えれば、粉ミルクは母乳と遜色なくなっているかもしれないが、お母さんと赤ちゃんとの関わりという意味では、同じとはいえず、この大切な時期に母親からしっかりおっぱいをもらわなかった、満たされないものがあったということが、後の人生に与える影響について、私たちはまだ十分に語る科学の言葉をもたない。

赤ちゃんを育てる時間というのは、人生の中ではとても短い貴重なひとときである。女性の仕事と育児の両立の難しさが問題になっているが、いま八五年とされている女性の一生において、子どもを産み育てる期間というのは本当に短い。

お母さんが子どもと向き合える時間を、どのように確保するのか。経済学の理論によると、家計は与えられた所得のもとで、育児コストと子どもから得られる効用を比較して、最適な子どもの数を決定すると考えるのだという。そこでは、親、とりわけ母親が育児をすることによって生じる賃金の損失は、育児の機会費用であると考えられ、そのため女性の市場賃金率の上昇は、育児の機会費用を増加させ、出生率の低下につながるとされる。よって、保育サービスが充実することで、女性の育児期間中の就業継続が容易になり、出産・育児の機会費用の減少につながり、女性の出産行動を促進させる効果を持つと考えられるため、「子育て支援は保育所を作ること」ということになっているらしいが、もちろん、保育所さえつくれば問題が解決するはずもない。

幼い子どもが育っていくほんの一瞬のこの貴重な時期を周囲がどのようにして守っていけるのか。労働力の確保や女性の社会進出といった経済的事項との相対化に与しない知恵のようなものが、必要になってくる。母乳哺育もそのような知恵につながる契機としてとらえていければ、と願っている。

第5章　「母性保健」と「科学的根拠」——AMTSLを例として

開発途上国の現場で起こっている、ある現象

出産においては、母親も赤ちゃんも無事であることがよい。そのように「科学的根拠」を積み重ねてきたのが我々の努力であり、それなりの成果も得られているといえるのだが、真面目に「科学的根拠」にむきあおうとすればするほど、「生の原基」としての妊娠、出産からは離れていくこともある。何か変だ、と思っても、立ち止まれない。赤ちゃんが生まれたあと、じっと待っていたりしないで、「へその緒はできるだけ早く引っぱって後産を出す」ということに「科学的根拠がある」といわれたことで、国際母性保健のトレーニングに妙なものが出現し、

続けられている。

二〇〇〇年九月、国連ミレニアム・サミットがニューヨークで開催され、ミレニアム開発目標(MDGs: Millennium Development Goals)が掲げられた。開発途上国の貧困削減を目標として、貧困と飢餓の撲滅とか、初等教育の完全達成などの八つのゴールが定められており、それぞれに具体的に二〇一五年までの達成目標が定められている。その五つ目が「妊産婦の健康の改善」である。二〇一五年までに「一九九〇年と比較して妊産婦の死亡率を四分の一に削減させる」ことを目標値としている。もともと妊産婦死亡率は正確な数字を測定することが非常に困難な指標といわれていたので、比較の基礎とすべき一九九〇年の段階で、推定値以外のはっきりとした妊産婦死亡率を測定できていた開発途上国は少ないのだが、話題にしたいのは、そのことではない。このMDGs達成のために妊産婦死亡率低下をめざしていわゆる開発途上国で盛んに行われている「分娩第三期における積極的介入」(AMTSL: Active Management of Third Stage of Labour)のトレーニングのことを話題にしたいのだ。

妊産婦死亡の重要な原因の一つが大量出血(hemorrhage)であるといわれている。途上国の妊産婦死亡率を低下させるためには、この「大量出血」を防がねばならない。どのようにして防ぐのか。どのような方法に科学的根拠があるのか。科学的根拠のある方法が開発途上国で適用されるためにはどうすればよいのか。それは二〇〇〇年をすぎてからの国際保健の重要な課題だった。現在、開発途上国と呼ばれる多くの国で、奇妙なトレーニング、いや、奇妙な、といってはいけないのだろうが、「科学的根拠」があるとされるが、人類の来し方を考えてみて納得出来ないトレーニングが行われている。

お産の第三期の積極的介入（以下、AMTSLと略する）というトレーニングであり、それは、赤ちゃんが生まれた後に、胎盤が自然に出るのを待っているのではなく、赤ちゃんが生まれたらすぐにへその緒を引っぱり、胎盤を出す、ということである。母体死亡の重大な原因の一つである出産時の大量出血をふせぐためには、AMTSLが有効である、という科学的根拠が出た、ということで、すべてのお産で、胎盤が出るのを待っているのではなく、積極的に胎盤を出すような介入をするためのトレーニングを開発途上国でシステマティックに行う、ということになっているのである。「科学的根拠」が「生の原基としての母性」と敵対するようになる、ひとつの道筋についてこのAMTSLを例として具体的に考えてみる。

医療の科学的根拠とは？

そもそも医療の「科学的根拠」とはなにか。二〇一一年三月の福島原発の事故以降も、放射能や低線量被曝などについて、どこに科学的根拠があるのかとか、科学的にはどうなのかとか、常にそういうことが問われてきたし、今後も問われていくであろう。保健・医療の分野において「科学的根拠」というものを出していく学問的な枠組みのうち最もパワフルなものの一つが「疫学」と考えていただいてよい。「EBM: Evidence based Medicine 科学的根拠に基づいた医療」というときの Evidence つまり科学的根拠を積みあげていくのが、疫学という分野である。疾病の因果関係をみていったり、ある地域の健康状態をみていったりするときに、統計的な手法も使いながら説明しようとするものである。「科学的根拠のある介入を」とか「科学的根拠のある政策を」とかいわれるときの科学的根拠とは、疫学調査による科学的根拠である。

いろいろな研究手法や研究デザインを用いて、現場からどのようなデータをとってくるか、どのようにその状況を把握するか、同時に原因と結果、例えばタバコと肺がんは関係があるのか、子宮がんとダイオキシンは関係があるのか、そういう人間の行動や環境因子と疾病の因果関係を求めていく、近代医療の枠組みのうちにある学問である。疫学の調査には、疫学の研究デザインがあり、さらに疫学の研究デザインには、科学的根拠を提供するヒエラルキー、つまり、どういう研究デザインの調査がより重要な科学的根拠を提供しているか、という「知見の階層性」が存在している。

適切に行われた疫学調査の知見から科学的根拠が得られる、ということである。「適切に行われた」ということが大切なのであって、自分のかかわる現場、自分の働いている病院などで、何らかのデータを取って調査らしきことをすれば、それで科学的根拠になるのかというと、もちろんそうではない。現場のデータさえとれば科学的根拠になるわけではないのである。疫学調査は適切にデザインされ適切にデータ収集され、適切にデータを分析されなければならない。そういうものでないと論文として認められない。適切に行われた疫学調査が論文として、しかるべき雑誌に投稿されて初めて、〝階層性〟の議論もできる。

EBM（科学的根拠に基づいた医療）の理論家の一人が、イギリスの疫学者のアーチー・コクラン（Archibald Cochrane, 1909-1988）である。現在、医学の世界でもっとも権威ある研究情報データベースである「コクラン・システマティック・レビュー」を出している「コクラン共同計画」を通じて、その名前が知られている。コクラン共同計画のデータベースを見ると、いまもっともアップデイトされた科学的根拠を見ることができる、ということになっているのである。

調査をすれば、それが科学的根拠になるというものではなくて、「適切に行われた疫学研究がそれなりの雑誌に掲載される」ことで初めて科学的根拠になると述べた。その雑誌が「それなりの雑誌」であるかどうか、ということは、インパクト・ファクターという数字で示されており、自然科学一般を扱う雑誌〝Nature〟を別にすれば、医学の専門誌では、イギリスの〝Lancet〟とか、〝British Medical Journal〟、アメリカの〝New England Journal of Medicine〟などの週刊雑誌がインパクト・ファクターが高い。さらに分化した専門の雑誌がつづき、どのような雑誌に載るとどれだけインパクト・ファクターが高いのかということについては、医療関係者はだいたい理解している。つまり疫学研究は、それなりの雑誌に掲載されることによって、科学的根拠となる。そしてどの雑誌に載ったかによって科学的根拠のレベルも少し違ってくる。そのように発表されたいろいろな研究が、いま一番信頼のおけるデータベースをつくっているといえるコクラン計画に、「システマティック・レビュー」というかたちで系統的にレビューされることによって、さらにパワフルな科学的根拠になっていくのである。

研究のはじまりは、研究者の「意図」

どのような科学的根拠にも、一つ一つの疫学研究がある。それでは、それら一つ一つの疫学研究はどのように始まるのか。当たり前の話であるが、どの研究にも、その研究を一番最初に始めた人がいる。もちろん、研究に限らず、どのような仕事でも、そこに必ずその仕事を始めた人間がいる。その人がいったい何を考えていたのかを知るのは、重要なことではあるまいか。すべての研究の基礎には、それを始めた人の意思がある。「こういう研究をやりたい」と思った人間が必ずいる。つまり、研究者が「私はこれを示したい」と強く思っていることが、科学的根拠のはじまりである。誰もやりたくないことは、研究にはならない。

母性保健分野で例を挙げてみよう。女性が出産するときの介入行動のひとつに、「剃毛」がある。外陰部の毛を全部剃る。今は、出産のときに「毛を剃る」ことには科学的根拠がない、と言われている。これは、「妊婦全員が毛を剃られなくてもよいのではないか、そういうことは必要ではないのではないか」と思う研究者がいたからそういうデータが出るような研究がされた。臨床の現場で、妊婦全員がルーティンとして毛を剃られているのをみて、「これはおかしいんじゃないか、こういうことは必要がないんじゃないか」と思った人が、研究を立ち上げてデータを出し、こういう科学的根拠となったのである。調査研究は常にアップデイトされていくものだから、「ルーティンで剃毛は必要がない」というこの科学的根拠も乗り越えられていく可能性はもちろんある。しかし、今でているこの科学的根拠を乗り越えるためには、だれかが、「いや、やはり妊婦全員、絶対剃らせてみせる」と信じて、そう言う意図を持って、自らの研究生活をかけて、研究を立ち上げていかねばならない。でも、そういう人はおそらくいないのである。「全員剃る」ことに疑問を呈して、「それは必要がない」ということを研究することには熱意は持てても、「私は何が何でも剃ってやる」という意図をもって研究を立ち上げることは、おそらく気持ちが続かない。誰もやりたくないと思うことは、研究にはならない。そして同じ結果が出たとしてもその結果をどう解釈するかは、その研究者のもともとの「意図」によって議論の方向も左右される。

つまり、すべての研究、すべての科学的根拠のはじまりには、研究者の「これを示したい」という強い意図がある。自分が信じていることをただ口にしても、それは個人的な意見にすぎない。それを研究という作法にのせて遂行し、論文を書き、しかるべき雑誌のレビュアーに読んでいただいて、しかるべき雑誌に掲載される、というプロセスをふむことによって、単なる自分の意見を科学的根拠にしていく可能性がでてくる。

疫学調査には完璧な調査はない。数学のようにきちんとした答えを求めていく学問体系ではない。どのような疫学調査も完璧ではないということは、現在でている論文のもととなっている調査よりもっともっとよい調査ができる、ということである。人間の行動、環境をみていく疫学調査には、パーフェクトなものはないことを知り、誰かがやった疫学調査を、今度はほかの誰かがもうちょっと〝まし〟な形、つまりもっと「知見の階層性」の高い研究デザインを使ったり、同じ研究デザインでもデータ収集方法を洗練させてバイアスを少なくするようにつとめる、などの努力をして、すこしずつよい調査を目指す。学生のときには、先行研究を勉強しろとよく言われるが、それは自分がやろうと思っていることを人がもうやってくれているのだったら、それはもうやらなくてもよいわけだから、それを一歩進めるために自分は何をやればよいか、を考えることが研究の第一歩であるということを学ばねばならないからである。完璧なものはないけれども、少しずつ少しずつよいものにしていこうとするのが研究の道筋といえる。

それは、べつの言葉で言えば、科学的根拠は常にアップデイトされていく、ということである。「こんなことに科学的根拠があると言わせてなるものか、私の考えていることのほうが絶対正しい」という研究者のはっきりとした意図が新たな科学的根拠につながる。いま出ている科学的根拠に、私はどうしても納得できないという人は、自分が研究者として違う科学的根拠を出そうとする努力をすればよいのだ。

なべて、科学的根拠というものはこういうものであると思う。すべてに意図があり、このような方向性の研究がしたい、こういうデータが出したい、という研究者の意図がベースとなっている。しかるべき疫学調査のデザインを立てて、自分が出したいと思う方向の調査をしようとすれば、自分の意図にそれなりに添う結果が出てきやすい。それはそのようにデザインする、ということだ。それは、自分の言っていることが正しいから、自分のデータを捏造する、という話では全くない。意図を持って研究をデザインすることで、自分の意図に添うデータが出やすいようにするし、出やすいように分析し、考察する。それが論理的に行われているかどうか、レビュアーに判断され、雑誌に載ることで、ふるいにかけられ、自分の方向性が学会に認められていく。

科学的根拠は、もともとはこういうものであり、完璧なものはない。極端に言えば、「これは科学的根拠があるんだから、言うことを聞け」という形で使われるものではない。常にアップデイトされていく可能性があるからだ。しかし現実には、「科学的根拠がある」ということは常に具体的な政策、臨床現場のルーティンとなって広がっていく可能性を持っている。

「分娩第三期における積極的管理」の危険性

科学的根拠がどのように使われているのかをより理解するためのケーススタディとして、冒頭に挙げた「分娩第三期における積極的介入（AMTSL: Active Management of Third Stage of Labour）」をみてみる。分娩には第一期、第二期、第三期があり、第一期とは規則的な陣痛が始まってから子宮口が全開するまで、第二期とは子宮口が全開大になってから赤ちゃんの娩出（赤ちゃんが出てくる）まで、第三期というのは赤ちゃんが生まれてから胎盤が出るまでを指す。その、赤ちゃんが出てから胎盤が出るまでの第三期に「積極的に介入する（Active Management）」とは、どういうことだろうか。

妊娠・出産は動物である人間の自然な営みで、普通、赤ちゃんが出れば胎盤は自然に出る。生まれたばかりの赤ちゃんが、おっぱいを吸うと、子宮が収縮して、より胎盤が出やすくなるといわれている。基本的にうまくできているのである。そうでなければここまで人間の歴史は続いてこなかったであろう。出産後、動物でも人間でも、基本的に胎盤は自然にはがれ落ちて出る。時間の違いはあるが、そういうものである。もともと胎盤は自然に出るものだから、待っていればよい。そのような出産第三期のケアを Expectant Management という。「待っている、という ケア」。待っていれば胎盤は出る、ということ。日本のお産の現場でも開発途上国のお産の現場でも、異常がなければ基本的にはこの Expectant Management を行ってきている。もちろん、何か急を要することがあれば、医療介入が必要となるが、まずは、自然に出るのを待つ。

それとは反対に、お産の第三期の積極的介入（AMTSL）とは、赤ちゃんが出た後に、胎盤が自然に出るのを待っているのではなく、赤ちゃんが出たらすぐに臍帯を引っぱり、胎盤を出してしまいましょう、ということである。母体死亡の重大な原因の一つである出産時の大量出血をふせぐためには、AMTSLが有効である、という科学的根拠が出た、ということで、すべてのお産で、胎盤が出るのを待っているのではなく、積極的に胎盤を出すような介入をするためのトレーニングを開発途上国でシステマティックに行う、ということになっているのである。

医療関係者でない方がお聞きになっても、いや、医療関係者でない方がお聞きになれば、いっそう、これはなんだか変だなあ、と思うのではないか。赤ちゃんの出てきた後、すべての女性に医療介入をして胎盤を出さなければ、お母さんの生命が危ない、ということであれば、人類はすでに絶えていたのではないのか。だいたい、赤ちゃんが出たら臍帯を引っぱって胎盤を出しましょう、というのは誰が聞いても危ないことのように聞こえる。はがれていないものを引っぱって出したら危ない。胎盤がまだはがれていないのだから、むしろ大出血するかもしれない。母体や赤ちゃんに危険があるときはそういうことをしなければならないこともあるかもしれないが、全員にやるのは、あまりにリスクが高そうである。しかし、二〇一五年現在このAMTSLには大量出血を防ぐための科学的根拠があるといわれ、世界中の開発途上国、主にサブ・サハラ・アフリカ、南アジアなど妊産婦死亡率が高い国々で、USAID（米国国際開発庁）とWHOが推進役となり、このトレーニングを行っている。

AMTSLとして現在WHOが推進している出産介助者へのトレーニングは、具体的に以下の三つが中心となっている[1]。一つめは、赤ちゃんが出た後、一分以内に子宮収縮剤であるオキシトシン一〇単位を投与する。二つめとして、臍帯を牽引する。これを、英語でCCT: Controlled Cord Tractionというのだが、片手を恥骨上に置いて子宮収縮に合わせて臍帯を牽引する、つまり、赤ちゃんが出たあと、へその緒をもって引っぱれ、というのである。そして三つめ、最後に、子宮のマッサージをする（おなかをマッサージする）。この三点がトレーニング内容であり、この三つの内容を示したUSAIDのポスターを開発途上国の病院の臨床現場のあちこちで見ることができる。

この三つを、すべてのヘルスセッティングで行うことがＷＨＯによって推奨されている。「すべてのヘルスセッティング」というのは大きな病院から小さな開発途上国の地方のヘルスセンターでもやるべきだということだ。それはちょっと危ないのではないか、と、素人が考えてもわかる。赤ちゃんが生まれたら、後産が出るのをじっとまっているのではなく、すぐに子宮収縮薬を投与して、へその緒を引っぱって早く胎盤を出す、などということをしていたら、子宮反転や大出血のおそれがあるのではないのか。

きちんと設備も整っていて専門医もいる病院であれば、こういう医療介入をルーティンですべての女性にやって、なにかおこったとしても、対応出来る可能性もある。しかし、開発途上国の地方の、設備もなくて、専門家も十分にはいないところで、赤ちゃんが出たら、すぐにオキシトシンを投与して、臍帯を引っぱって胎盤を出しましょう、というのはどう考えても危ないだろう。なぜこのようなことになってしまったのか、経緯を追ってみる。

ＡＭＴＳＬをめぐる経緯

一九九六年、ＷＨＯは“Care in Normal Birth”(2)（「正常なお産のケア」）という科学的根拠に根ざした正常産のマニュアルを出す。そのマニュアルによると第三期にオキシトシンを慣例的に（全員に）投与して、臍帯を牽引して胎盤を引っぱって出す、ということのどちらか、あるいは両方をやることは、十分な科学的根拠がないため、推奨出来ないことになっている。つまり、一九九六年の段階ではＷＨＯは「第三期の積極的介入」を推奨する、とは言っていない。

二〇〇〇年三月にＡＭＴＳＬに関する「コクラン・システマティック・レビュー」が出る。[3]「科学的根拠」の「知見の階層性」のトップにある「システマティック・レビュー」で、分娩第三期の積極的管理は病院セッティングでの大量出血を予防する、という内容が発表されたのである。大量出血（hemorrhage）は、世界の妊産婦死亡のトップの原因であり、妊産婦死亡率を三分の二下げるというのが、ＭＤＧｓ（Millennium Development Goals）の目標のひとつである。妊産婦死亡の第一の原因である出血を減らすことが出来る医療介入について科学的根拠がでた、ということは、妊産婦死亡を減らす可能性のある医療介入が発表された、と国際保健の分野での朗報、ととらえられたにちがいない。ＷＨＯにとってもＵＳＡＩＤにとっても、各国政府の保健局にとっても。

この「コクラン・システマティック・レビュー」の内容をみると、イギリスやアラブ首長国連邦など設備の整った先進国からのデータで、大きな病院セッティングでやった調査であることがわかる。一〇〇〇ml以上の大量出血がこのＡＭＴＳＬで予防できる、というレビューが発表され、それはもちろん間違いではない。そのとおりの結果である。そして、「コクラン・レビュー」（つまり最も重要な「科学的根拠」を提示するデータベース）では、このＡＭＴＳＬという介入の具体的な内容は、（1）慣例的な子宮収縮剤の投与、（2）早期に臍帯を切ること、それから（3）臍帯の牽引であった。この病院セッティングでは、胎盤が出るのを自然に待つExpectant Managementより、こちらのＡＭＴＳＬのほうが出血が少ないという〝科学的根拠〟がでたわけである。

そこで二〇〇〇年にＷＨＯが「困難な妊娠・出産」というガイドライン[4]をつくったときに、このＡＭＴＳＬについて記載するようになる。「コクラン・システマティック・レビュー」にでていたわけだから、大量出血を防ぐために「これをやったほうがいいですよ」という書き方であった。どのレベルの病院でやったらよいか、ということは、この時点では書かれていなかった。ところが、このＷＨＯのガイドラインにおけるＡＭＴＳＬの内容は、この時点で「コクラン・レビュー」とはすでにやや異なっている。「コクラン・レビュー」では、さきほど示したように、オキシトシン投与、早期臍帯切除、そして臍帯牽引の三点セットだったが、ＷＨＯのマニュアルでは、オキシトシン投与、臍帯牽引、子宮マッサージの三点に代わっている。早期臍帯切除（赤ちゃんが生まれたらすぐにへその緒を切ってしまう）は、新生児科のドクターたちの間でかなり長期間問題視され、さまざまな議論が出ている分野で、当時もできるだけ避けるべきこと、になっていたからであろう。そのような経緯から、ＷＨＯは早期臍帯切除を

AMTSLから切りはなして、子宮マッサージに変えたのかもしれない。文書をみるだけでは、理由はわからない。とにかくここで、はじめてWHOのマニュアルに大量出血を防ぐためのAMTSLが登場するが、すでに、「コクラン・レビュー」の内容をそのまま踏襲しているのではないことがわかる。

もちろん、「コクラン・レビュー」をそのまま踏襲する必要もないのだが、二〇〇六年にWHOが出した「分娩第三期における積極的介入による大量出血の予防（"Prevention of Postpartum Haemorrhage by Active Management of Third Stage of Labour"）」という新しいマニュアル[5]では、また、さらに内容が変わる。二〇〇〇年から二〇〇六年までの間に何が起こったのかは、よくわからない。「コクラン・レビュー」は変わっていないのに、WHOの二〇〇六年のマニュアルにおいて、突然、「すべての出産」でAMTSLをやるように、という内容に変わっていく。「すべてのお産でAMTSLをやることで、産後の出血が予防できる」という一文が、突然入る。

続いて、二〇〇九年にWHOの出したReproductive Health Libraryというデータベース[6]では、なぜか「AMTSLは出産のオールセッティングに適用できる」と記載される。そのまま引用すると、"The trials included in this review were conducted in Ireland, United Arab Emirates and the United Kingdom. All were hospital-based and the interventions were administered by trained staff. Hence the findings of this review would be applicable to all settings where deliveries are attended by staff trained in the AMTSL."。訳してみると、「コクラン・レビュー」に出ている調査というのは、アラブ首長国連邦とか、イギリスとかで行われた、病院ベースで訓練されたスタッフによって行われた医療介入に関するレビューである。「だから（Hence）」ＡＭＴＳＬはスタッフトレーニングをすれば、「すべてのセッティングに適用可能」と書いてある。なぜ、ここが hence なのか、理由がわからない。しかしその後、世界中の現場でＡＭＴＳＬのトレーニングがそれこそ「すべての現場（all settings）」で行われていく。

ところが、二〇〇九年七月に、「コクラン・レビュー」からＡＭＴＳＬは、取り下げられる（withdraw）ことになる。産科の関係者たちは、「さすがに途上国のあちこちで不適切な臍帯牽引による子宮反転などの問題が起きたのではないか」と推測している。それ以前の科学的根拠は、いまや古くなっているので、「コクラン・レビュー」から取り下げますということになる。つまり、二〇〇九年七月の段階で、科学的根拠があるということがいったん取り下げられる。のち、二〇一〇年六月に新しいレビューが出る。新しいレビューによると、確かにこのＡＭＴＳＬは、二〇〇〇ml以上の出血のリスクを下げる、ただ、副作用が非常に多い。早期に臍帯を切ってしまうので、赤ちゃんの体重が少なくなる、お母さんたちの痛みの訴えが多い、吐き気がする、実際に嘔吐する、退院後また病院にくる可能性が高い、などいろいろ副作用が示されている。すなわち二〇〇〇ml以上の出血のリスクは下げるとはいえ、ＡＭＴＳＬをおこなうことのマイナスも大変多いため、女性たちへのプラスマイナスをふくめた正しい情報提供が必要である、また、早期臍帯切除をふくむ一つ一つの介入を慎重に検討する必要もある、よって、すべてのお産の現場でそのままやることはすすめられない、というレビューになっている。二〇〇九年のレビューの時点では開発途上国のデータがなく、しかも、あるデータは先進国の大きな病院からでたデータだけなので、それぞれのセッティングからそれぞれのデータが必要である、とも書いてある。それが二〇一〇年六月に出ているのである。

「科学的根拠」の負の側面

このように、科学的根拠はアップデイトされていく。つまりこのＡＭＴＳＬに関して言えば、二〇〇〇年に「コクラン・レビュー」が出た時点でＷＨＯのガイドラインに入りはじめ、二〇〇〇年なかばからトレーニングが組まれている。そうなっているときに、二〇〇九年に「コクラン・レビュー」が「この科学的根拠を取り下げる」といっても、それはあまり注目されない。もう世界中で「科学的根拠がありました」ということで、トレーニングのお金がついて進められているので、「コクラン・レビュー」が取り下げたくらいではトレーニングはとまらないのである。これは誰かに責任を帰することができるような問題ではない。レヴィ・ストロースはすべての慣習の起源は闇の中である、という言い方をしたが、ＡＭＴＳＬひとつをとってみても、一体誰がこのトレーニングを推進しようとしたのか、なぜエビデンスがなくなっても続けられるのか、をつきとめようとしてもつきとめられない。

おそらくＵＳＡＩＤでもＷＨＯでも、産後の大量出血を防ぐにはどうすればよいかと、議論されたことだろう。妊産婦死亡率を下げるにはどうしたらよいかと。そうすると、ほら、あるじゃないか、こういうレビューがでているよ、と「コクラン・レビュー」を見つける。そういうことで、お産の現場をいっさい知らない（かもしれない）国際保健研究者や国際保健にかかわる官僚たちが、ガイドラインにしていく。ここにこういうレビューがあるから、ＡＭＴＳＬをやりましょう、ということで、トレーニングを始める。そうすると、国連や先進国から予算がつくので、そう簡単にはやめられなくなる。

科学的根拠があるから、それが臨床の現場に適用されるとは限らないが、ドクターフレンドリーな科学的根拠が出されると、それは臨床の現場に適用されやすい。ＡＭＴＳＬのような、いかにも明確な医療介入は、臨床現場のトレーニングになりやすかったのだ。

普通の人が、普通の感覚で考えて「これはおかしい」と思うようなこと――それは常識とも通念とも習慣ともいってもいいことかもしれないが――そういうことにはけっこう意味があることも少なくない。しかし同時に単なる迷信である可能性もある。だから、科学的根拠に根ざした医療という言い方は、そういう習慣や常識というものを基礎に医療を行わないようにしよう、という警告でもあった。しかし、同時に、「すべてのお産のときには、へその緒はすぐに引っぱって胎盤を出すようにしよう」という、少し考えたら誰でもおかしいと思うようなことに対して反論出来ない雰囲気を、「科学的根拠」は作っていく。人間がもともと持つ力を生かすことができるように、医療介入はできるだけ抑制する、その抑制のために疫学研究をつかう、という先述のアーチー・コクランがめざした方向と、はずれていってしまう。人間には生きていく方向というものがあり、人間の持っている力もある、そして、そういうものがあるということに信頼をおいていないと、人間が生きていく方向とは逆方向の医療介入をいとも簡単に受け入れてしまうことになる。

へその緒は引っぱって出すほうがよい……。こんなことを権威の言葉で言わせてなるものか、という女の側からの「生の原基」へのコミットメントがほんとうは求められているのではないかと思うが、そんなものはすでに底を払ってしまっているように見えることが、実は一番気になる。

第6章 「リスクと不安」から考える

乳房温存？

『患者よ、がんと闘うな』（文藝春秋）という本がベストセラーになったのは一九九〇年代であった。著者の放射線科医、近藤誠氏は乳がんの治療として乳房温存療法を主張してきた方であった。当時、多く行われていた、手術による乳房の全摘や、乳房だけでなく胸筋までをとったりすることをしなくとも、乳がんの治療においてできることはある、ということであったのだと思う。その乳房温存療法のために彼は科学的根拠をさがし、治療法を探した。そこには明らかに「女性にとって乳房があるということは、かけがえのない重要なことである、だから医療はそのような女性のありようをまもるべきだ」という考え方があった。もちろん体のどこの部分もおなじように大切である、という向きもあろうが、少なくとも、「女性にとって乳房というのは自らの女性性の象徴とも言える重要な部分である」と女性が思っているからこそ、医師としてそれをまもろうとなさっていたわけである。

婦人科を受診し、「もう子どもを産まないんだから、（筋腫があるなら）子宮をとってしまえば……」という暴言を担当医師から言われた、と憤慨している女性もいたし、「閉経したから、もう卵巣もとってもいいでしょう」と言われた女性もいたと記憶する。そして、そういう言葉を言う医者は、「デリカシーのないひどい医者だ」と女性たちから思われていたのである。

そういう言い方も、すべて前提となっていたのは「女たちは自分の女性としての体を大切にしており、手術をしたり、部分的に取ったりするのは嫌だと思っている。だから、治療のためとはいえ、単純に、閉経したから子宮もいらないでしょう、とか、卵巣も取ってしまいましょう、などと医療関係者が言うことを女として許せない」ということであった。そんなことを医療側に言わせたくない。だからなんとか「全摘出」を免れることができれば、と女性たちは思ったし、心ある医師たちは、できるだけそのように治療ができるよう、努力をしてきたのである。

二〇一三年になって、高名なハリウッド女優が遺伝的に乳がんになりやすいという検査結果が出たために双方の乳房を切除し、再建した、というニュースが流れた。さらに、時間をあけずに「日本でもそういう治療を望む女性たちがいるから、希望にこたえられるように体制を整備するべき」という議論がマスコミにあらわれるようになった。まだ実際に悪いところがあるわけではないけれども、「将来悪くなるということになってはいけないから、〃遺伝にかかわる〃検査をした上で、将来悪くなりそうなところがあるとわかったら、事前に取り除いておきたい」と考える女性が少なからずあらわれはじめたというわけである。

この発想が医療の側から出てくるのなら、よい。いや、よい、悪いという問題ではない。この発想が医療の側からでてくるなら、それは論理的に整合性のある考え方である、といおう。医学とは、人間の体を小さくミクロに割っていき、それぞれに悪いところがあれば除去し、復元し、あるいは出来るだけピンポイントに医薬品を使用し、「治して」いくものである。だから、「がんのある乳房は取る」、あるいは「がんになる確率の高い乳房はあらかじめ取る」ということになっても、それはそれで医学の上では整合性のある考え方である。そのようにして、できうる限りのリスクは除去しようというのが近代医療の発想である。

しかし私たちは近代医療のみが価値判断の基準となるような合理的な世界に住んではいないのであり、これからもそういう世界に生きていくわけではない。いくら、近代医療の考え方においては整合性があり、医師をはじめとする〃専門家〃にとって整合性のある考え方であるとしても、生活して今を生きていく一人ひとりにとっては、やりたくないことも多いし、やる必要もないことは、たくさんある。そうであったはずである。その個人的な決定は、科学的根拠によってなされるものではなくて、一人ひとりが自分の体をどのようにとらえているか、自分がどのような関係性のうちにあるかによって、「論理的に」ではなく他から見れば実に「理不尽に」なされていたものではないか。いくら医者の側が、「リスクのある乳房はとっておいたほうががんになりにくいですよ」と言おうが、それが合理的に見える解決であろうが、「それはいやだ」という感じをいだく人が多かったのではないか。

しかし、いまや女性側から「合理性」を求める。くだんのハリウッド女優、アンジェリーナ・ジョリーは世界中に知られた美しい人だ。聡明な人らしい、ともきこえている。いろいろな意味での人道的な活動もしているようだし、家族もある。だからこそ、健康で長生きするために乳房をとりました、というストーリーである。このような人でもこういうことをする、ということ、そして彼女自身も、自分のやったことがある種の啓蒙活動としての意味をもつことを望んでいる、ということ。女性たちが「かっこいいな」と憧れるような女性がそういうことをやるということ。その影響は大きい。そういう時代になった。予想していたより、ずっと早く。

「リスクと不安」

シリヤ・ザマスキの「リスクと不安」という論文を訳す機会を得て、『環』誌上で発表したのは二〇〇五年であった。十年ほどの間に時代の方がずっと先に進んでしまった。少し長くなるが、一部を引用する。

私の母は何のリスクも感じずに妊娠した。これは医者から「リスクがない」という証明書を受け取ったからではない。私が生まれた一九七〇年ごろ、妊娠はリスクであるとは思われていなかったのだ。二十世紀に入った頃、「リスク」という言葉はドイツでは商売人の専門用語として使われていたにすぎなかった。それが、今やリスクという言葉は「脅威(danger)」とか「危険を冒す(daring)」といったことと同じような意味を持つ言葉として、日常化されてしまっている。たとえば、車を運転することは一九三四年には既にリスクである、と認識されていた。一九六〇年代になって、予防医学、疾病防止といった発想がよく知られるようになったころ、科学者たちはフィルター付きたばこを「リスクフリー」のタバコ、と宣伝したものである。つまり、母が私を身ごもっていたころには、実は彼女はすでにさまざまなリスクという言葉に取り囲まれていたが、まだおなかの中にいる私がリスクである、つまり、彼女の身体にとって私という胎児がリスクである、と考えることなど想像することもできなかった。

しかし、今や、病気の人、妊娠している女性、そして健康な人もすべて、「リスク」という言葉におびえながら、生活している。新聞の科学欄を読んでいても、いきつけの健康食品店が食品の選択方法について私にアドバイスをくれるときも、婦人科医のところへ定期検診に行っても、私は常にリスクにさらされている、ということをつきつけられる。私の近所に住む女性は、ずいぶん長いこと、「乳がんのリスクが増えていく」という不安を抱えて暮らしている。あらゆる健康診断の結果をとても心配そうにのぞきこみながら、「どうやってあなたの乳がんのリスクを減らすか」といったパンフレットや書物を熱心に読み続ける。妊娠した友人が、みな、婦人科医に「妊娠している」と診断されるやいなや、すべて「リスク保持者」となってしまう。いまでも、妊娠した友人が、絶望的になって私の家の呼び鈴を鳴らしたことをよく覚えている。医者から二つのリスクのどちらをとるのか、つまり障害を持つこどもを産むリスクと、その検査をすることによって誘発されるかもしれない流産のリスクのどちらをとるか、という選択を迫られたのである。

いったい、この「リスク」とはなんだろう。自然食主義者を肉から遠ざけ、隣人の胸をいつ爆発するとも知れない時限爆弾に一変させ、妊娠したごく普通の友人を大惨事に直面させてしまうようなこの「リスク」とは？　疫学的な研究で発生する頻度の推定を示すにすぎない統計的数値がなぜ、妊娠している友人に呪いをかけ、隣人に死の陰謀を感じさせることになってしまうのか？

どうして単なる統計的な測定値がごく普通のくらしをしている人々の安定した精神を奪い取ることになってしまうのか？　（…）科学の――ここでは遺伝学の――ことばを日常の生活の場に安易に適用すると、普通の人はただ、不安を増幅させるだけだ、ということを示してみたい。先ほどの乳がんを心配する隣人が自分は「早死にする」という遺伝コマンドをかかえていると信じていたり、妊娠している友人がお腹の中で遺伝子プログラムがコンピュータープログラムのように走っている、と感じていたりするということは、自らの存在のありようの重要さを抽象的なリスクという概念に無理やり結びつけて理解しようとしていることだといえる。遺伝子への過度の信頼は、統計上計算された確率といった数値と、一人ひとりのかけがえのない個人という、実際には何の関係もないものをむりやり結び付けてしまう。本来関係がないから、結び付ける必要もなかった確率と個人の運命といったことを、遺伝学が無理やり橋渡しをするわけである。妊娠五カ月のGさんの例を挙げてみよう。Gさんは妊娠五カ月目の今、妊娠を続けていくかどうかについて、「説明を受けた上での決定（informed-decision）」をすることが求められている。（…）

「あなたにはこういうリスクがあります」。この言葉は恐怖をかき立てる。とりわけ、医者という職業の人に深刻な病名をともなって言われた時の恐怖の大きさは相当のものである。このような言葉はほぼ間違いなく誤解を招いてしまう。医療統計ではリスクとはある症状の出現頻度がどのくらいかということだ。そこでは統計集団における症状の出現頻度について示されている。例えば心臓発作で死亡する危険が五％あるということは、自分の患者をふくむ危険因子を持った集団の中での発生率を言っているに過ぎない。患者を統計数字に慣れさせていくために、医者は、伝統的に医の基本とされてきた「癒し」の治療などは考えないようにしなければならない。医者は立ち会った患者の特殊でそれぞれに独特である個別の事情は無視しなければいけない。そして、統計的集合の構成要素の一部として患者を取り扱わねばならなくなってしまう。「統計事象の中ではまず第一に集団の一部分としてのみ患者を考え、それぞれ個別のものとして患者を扱うことはしない。個々に起こった偶然的な影響を考えないように患者それぞれの個人的特徴を取り除いてしまうことが必要となる」と、一八三五年に既にパリの数学者の会議で述べられている。患者を脅かす、「私的な」、あるいは「個人的な」リスクは定義上、存在しないのである。「私」は心臓病になるかもしれないし、ならないかもしれない、つまり、医者や統計学者は占星術師がコインを使って占う程度にしか私が病気になるかどうかわかっていないのだ。

　しかし現実には、統計的に出された確率曲線が医療保険会社が加入者の保険料を算出する基礎となっているばかりか、医療における患者の管理の基本となってきている。老人の有痛排尿困難、妊娠女性の精神的不安定、心臓発作による壮年男性の死亡、といったことは、ほんのすこし前だったら、たまたま起こってしまった不運な出来事、予測できない運命的な出来事、あるいはせいぜい、単に寿命のせいと考えられていたものである。しかし、今ではこういったことが、すべて管理されるべき「危険因子（risk factor）」となってしまっている。リスクを算出することがサービスに依存する新しい集団を作り出す。なぜなら、リスクによって作り出された不安を、少しでも減らしたいと思うし、ケアしてもらいたい、と思うようになるからである。リスクによる不安が、患者をつくりだし、さらに、その患者のニーズは、決して満たされることはない。遺伝学者が提供できるのは、遺伝子を使った「占い」を続けて、新しいリスクを算出しつづけることだけである。妊娠のリスクや、乳がんのリスク。すべて取り除くには、たった一つしか方法はない。それは摘出である。つまり、胸や子宮を取り除いてしまうことしかないのである。

（シリヤ・ザマスキ「リスクと不安——情報に基づいた意思決定（Informed decision making）という神話[1]」）

ザマスキの提起したことはすでに私たちの日常となりつつある。それでもよいではないか、という向きはもちろんあると思うし、そういう現代なのだからそれにそって生きていくしかないのだ、乳房でも子宮でもリスクを増やすのであれば取ることに何の問題があるのだ、取ってすぐに死ぬわけでもないのだからその方が長生きできる可能性が高いのならそうしたい、という理解もあろう。しかし、この人工的に作られた「不安」は、いったいどのような平穏や幸せをもたらしてくれるのか。それでなくても消費に駆り立てられ続ける私たちに、またひとつ根源的な意味で駆り立てられるきっかけを提示するだけだ。そのようなきっかけは私たちが生きていく上で不要なものではないか。それでなくても「不安」が多い現代に、わざわざまた、「不安」をふやすことはさけられないのか。しかも、それは妊娠、出産、子どもを育てる、という私たちの人間としての存在の根底に関わる。

ザマスキの提案している「不安」には、現実的に二つの対応策があり得るだろう、と考えてきた。なんとか、この「不安」を現実のものにさせないための（すでに現実になってしまっているが）、一つは医療の側からの対応、二つ目は女性の側からの対応、である。この本のテーマ「生の原基としての母性」に直接かかわるのはもちろん、後者の方であるが、ひとつずつ説明してみよう。

一つ目の対応――医療の側からできること

一つ目は、医療側からいかにこの「不安」に対処できるのか、ということである。ザマスキの言う「患者を統計数字に慣れさせていくために、医者は、伝統的に医の基本とされてきた「癒し」の治療などは考えないようにしなければならない。医者は立ち会った患者の特殊でそれぞれに独特である個別の事情は無視しなければいけない。そして、統計的集合の構成要素の一部として患者を取り扱わねばならな」いことにどう対処するか、ということである。医者が立ち会った患者の、特殊でそれぞれに独特である事情を忖度して、本来の意味での「癒し」の治療を行うためにはどうすればよいのか。

どのようなことがなされなければならないかを考えるのは、自らが患者の立場、患者の家族の立場、医療を受ける立場になれば、あまり難しいことではないように思われる。私たちが望むのは、ていねいで、心がこもって、親身になってもらえて、自分と自分の家族のことをよく知っている医師（あるいは他の医療職）による継続した関わりである。患者である自分のことを「様々な臓器の集まり」であって、それぞれの臓器を違った診療科目が扱う専門医療が必要、と考える医療者ではなく、患者をひとりの全的な存在であるととらえ、家族や周囲との関係の中からその人がどのように生きていきたいか、それを病気の治療、というものを通じて一緒に考えてくれる医療者である。人はそのような形で支えてくれる「専門家」がいれば、多くの場合、自分の体や、体をこえて、自分の人生にも自分の力で向き合う力を得ることができるようになれるだろう。医療者のそのような意識的で継続的な関わりは、その関わり方と時間のかけ方により、「リスク」にふりまわされない方向性をともに探る契機となっていくのではないのか。

もちろん医療者自身、近代医療の体系で教育されているので、「人間を全的にみる」ような教育をうけていないことがほとんどであり、それでなくても多忙な医療者たちにこれ以上何を求めるのか、と言われそうであるが、現代においても、そのような「人間を全的にみる」医療について実践が積み重ねられている。

第三章でとりあげた、日本における開業助産師の働きはその一例である。世界最古の職業であるといわれる「産婆」の末裔であると同時に近代医療の担い手でもある助産師であるが、近代医療のシステムに取り込まれていくと、どの国においても「近代医療の担い手」としての助産のみが強調されるようになり、人間の歴史が始まってからずっとつづいてきた「産婆」の仕事は、いかがわしいもの、科学的ではないもの、として排されることが多い。日本の開業助産所は、日本の出産の一%を担っているのみであり、今や周産期センター構想の前で、風前の灯のように言われているが、「できるだけ医療介入を避け、女性が持っている産む力と赤ちゃんが持っている生まれる力をできるだけ生かして、自然なお産ができるように妊娠中から継続的に関わる」産婆としての働きを今に残しながら、近代医療をも排することのない、世界唯一の場所となっている。いかめしい医療機器など何もない普通の家で安全で安心な出産がおこなわれていることが、世界中から見学に来る各国の医師、助産師たちに絶賛されているということは、もっと知られてもよいことである。

彼女たちが徹底して行っていることは、妊婦を「子どもを産む臓器と胎児を宿す人間」としてとらえるのではなく、それまでの人生もあり、現在の複雑な関係性のうちに存在して、しかも子どもをみごもっているひとりの女性としてとらえることであろう。もちろん、日本の出産の半分を担う地域の産科開業医や病院勤務の助産師の中にもそのような働き方をしている人は少なくないかもしれないが、普通の家に近い雰囲気のまま開業し、女性たちが「こんなに何も医療機器がないのなら自分でがんばって産むしかない」と覚悟と勇気をつけていけるのは、開業助産所の大きな特徴の一つなのである。ここで出産することにより、女性たちが多くのことに気づくきっかけになることは、すでにふれた。

イギリス、カナダ、キューバなどでシステムとして取り入れられている「家庭医」もまた、日本の開業助産師と似た、全的に人間をみるトレーニングを受けている医療者である。現在日本でとりいれられている「総合診療医」と混同されているむきも多いようだが、「家庭医療」の世界の第一人者であるカナダのマクウィニーによると、「家庭医療」は全的な存在としての人間とその家族、周囲の関係性を対象にする医療の一分野であり、いろいろな疾病を総合的にみる「総合診療」という概念とは異なるように思われる。家庭医がみるのは、「疾病」ではなく「人間」や「家族」なのである。先進的な家庭医療システムをそなえているキューバでは、すべての医師の半数は「家庭医」として働いており、専門医になる医師たちも、まず「家庭医」としてのトレーニングを積んでから各科の医師になるという。キューバが経済的な困難にもかかわらず、先進国並み、あるいはそれ以上の健康指標を誇るのは、これらの家庭医の働きによるところが大きいと言われる。日本では、福島県立医大に先進的な「家庭医療講座」があり、福島原発事故以降、家庭医療のトレーニングを受けた医師たちは、その存在感を増している。文字どおり「リスクと不安」に直面せざるを得ない状況にある福島での家庭医たちの働きは、上記の開業助産所と同じく、「全的に人間をとらえる」取り組みとして今後、より注目されていくことであろう。

二つ目の対応――女性の側からできること

ザマスキの提起する「不安」にどのように対処するか、はもちろん医療の側のみではなく、女性の側から考えることができることでもある。ザマスキが「私の母は何のリスクも感じずに妊娠した。これは医者から「リスクがない」という証明書を受け取ったからではない。私が生まれた一九七〇年ごろ、妊娠はリスクであるとは思われていなかった」ことは、このころの女性たちは情報がなかった、とか、医療の発達の恩恵にあずかっていなかった、ということではない。むしろ逆で、情報や医療サービス、工業製品の恩恵が今ほどなかったころには、女性は自分の体を自分で信頼するしかなく、頭で考えずに体に任せることができたのであろう。

「リプロダクティブ・ヘルス」とよばれている性と生殖にかかわる営みのひとつひとつに、そのプロセス自体への信頼が増していくような、簡単に言えば、女性自身がそのプロセスを通じて自分の体により自信を持つような、のびやかな力が備わっていたのではないか。そのような、女性自身がはっきりと体感できるような「力強さ」こそを「生の原基としての母性」と定義していきたい、と考えているのだ。子どもを産む機能がそなわっているからこそ、体への信頼は女性のほうがもちやすい身体構造になっていると思われ、そして、女性たちが体感することにより、男性にも子どもたちにもひろがっていくような「力強さ」である。そのような自分の体への信頼があって、なお、冒頭にでてくるように「リスクがあるからあらかじめ身体のその部分を切除」という結果になるのであれば、仕方がないとも言えるのだが、いま、そのような自分の体への信頼に基づく「力強さ」とは何のことかもわからない状態であるからなおのこと「リスクと不安」は強くなっているともいえるのではないのか。そうであれば、いかにして、女性たちがまず、そういった生き生きとした力強さを感じることができるのか、ということが課題になり得るだろう。

本書では主に出産、子どもを育てること、子どもの排泄など、それぞれのプロセスを通じて実際に「リプロダクティブ・ヘルス」にともなってたちあがる生き生きとした力強さについて書いている。しかし、妊娠、出産、子育てはすべての女性が経験することではないし、それでは女性は出産しなければ女性としての力強さを得ることはできないのか、ともいわれかねない。ここでは、多くの女性がその生殖年齢期間ずっと経験する「月経」をとりあげてみよう。多くの女性は月経は大便、小便のように自分でコントロールしてトイレで排泄できるものではなく、言葉は悪いが「垂れ流し」状態にあると考えている。現在の日本には安価で品質のよい生理用ナプキンが存在するから、この質のよい生理用ナプキンをあてておいて、トイレにいくたびに交換するものである、と考えている。

しかし、よく考えてみればすぐにわかるのであるが、こういう便利で高性能な生理用ナプキンがあらわれてからまだ五〇年も経っていない。それまで人間はずっと「垂れ流し」状態だったのだろうか。もしそうであったのなら、やはりきっと不便だったはずであり、もっと早くに何か対策がとられていたのではないか。二〇〇二年に東京都のウィメンズプラザ研究助成を得て、当時九十代の女性たちや、芸妓など昔からの身体技法を続けていると思われる女性たちの月経の対処について調査を行った。[3] 当時も今も、身体能力は高い人もいれば、そうでない人もいる。しかし、話をきいてわかったことは、二世代ほど前までの女性たちにとって「月経血をコントロールしてなるべくトイレで出すようにする」ことはごく自然におこなわれていたことらしい、ということだった。もちろん、人によってあるていどの当て布や詰め物はしていたようだが、どれも現在ほどの高性能のものではない。あくまで、「トイレで出す」ことが前提になっていたことが窺われる。「気をつけていればわかるから」と調査当時、九十代の女性は言った。当時の女性にできたのなら、いまも、やりたい女性がいればできるはずである。そして、情報を得た少なからぬ若い女性たちが、「なるべくトイレで月経血を出す」ことを実践し始めた。そうすると、〝ただそれだけのこと〟で彼女たちは自分の体に自信をもてるようになることが観察される。出産や子育て、といった分野を通じて自分の体に自信を持つようになる力強さと似たことが、出産を経験していない若い女性たちの言葉からも感じられるようになる。

これを「月経血コントロール」と呼ぶことにした。近年実際に試してみた二十代女性の手記を引用してみよう。およそすべての女性が経験する月経を「つらいもの」としてやり過ごすのではなく、それは「楽しい経験」、力強さを得る経験でもあることが窺える。

〈二十代女性の月経血コントロール経験について〉

・きっかけ

そもそも月経血をコントロールできる、という発想を得たのは、そういう話をきいて本を読んだためでした。ナプキンなどの製品がない時代、女の人たちはどのように生理期間を過ごしていたのかということについて聞き取りをしたことが書いてありました。当時、オーガニック系の商品にも興味があり、使い捨てナプキンではなく、布ナプキンに関心があった、ということもありました。

『昔の人はできていた』という本のタイトルにひかれました。昔の人にできていたのであれば、私にもできるかもしれないし、読んでみれば骨盤底筋が関わっているようであり、自分が月経血コントロールできないということはこれまで普通に備わっていた筋力が衰えているのだからなんとかしなければならない、とも思ったのです。

・実践

使い捨てナプキンをやめて、布ナプキンを使うことから始めました。最初はちょっと使ってみたいという興味で始まったことでしたが、昔の人は何か詰めておいて済ませていた、という話に惹かれ、トイレットペーパーを小さくちぎって丸めたものを先（膣の入り口付近）にあててみました。布ナプキンを洗うことは、楽しんでいるときもありましたが、面倒な面もあります。布ナプキン自体、自分にとって安くもなかったので、当時は使わなくなったハンカチなどを代用することもありました。しかし、だんだん布ナプキン自体も使うことが少なくなりました。単純に面倒になってきたからです。

ただ普通のナプキンに戻るのも何となくいやでした。せっかく始めたことだったし、昔の人にできていたことが自分にできないのは退化であり、それはいやだとも感じたのかもしれません。そういうわけで入り口に紙を少し詰めるやり方を採るようになりました。ただ、紙を少し詰めるだけでは心許なく、トイレットペーパーを少し畳んで下着の中に（クロッチ部分の上）敷くようにしていました。これは今でもそうです。

月経血はなるべくトイレで出すようにします。トイレに行った時に、おしっこを途中で止めるときの筋肉を弱めたり締めたりして、筋肉の収縮で月経血を押し出すようなイメージをします。この部分を収縮させるようなイメージとともに、重力を感じるようにします。

お腹にも力を入れている気がします。下腹部全体を膣の収縮のリズムに合わせるというか、押し出すという感覚です。出産の経験はありませんが、出産するときもこんな感じになるのかなあと具体的にイメージ出来てきます。

血はだいたい、とろーりとまとまって出てきます。体質もあるかもしれませんが、サラサラとはしていません。どろっとしています。ただ最近は勢いよくおしっこをするときに一緒に出るようになりました。すべて出し切ることはないのでしばらく上記の動きを繰り返し、今の時点で溜まってきたものを身体の外へ押し出そうとします。結構時間をかけてこの作業をします。出すべきものをたくさん出してしまうと漏れ出ているのではないかと心配になる瞬間が少なくなる、もしくは心配しないですむ間が長くなる印象があります。

溜まってきたかもしれない、という感覚は、あります。少し下腹部が重たく感じるのです。そういうときは意識してすこし締めようとします。ナプキンをあてているときにはあまり意識しないような種類の感覚です。ナプキンをあてていると、お股の感覚は意識の外にあるように思います。ナプキンをつけているときは、まったく意識出来ない感覚でした。

下着は最初のころは汚れることはもちろんありましたが、〝絶望的に〟汚れることはありませんでした。最近ではほとんど汚れることはありません。月経血の量が少なくなったら入り口にトイレットペーパーを詰めるのはやめてしまいます。だいたいトイレットペーパーの一ミシン目分の1／4から1／3くらいの量をつかって詰めるものを作ります。手のひらでころころ転がして丸めます。昔の人がちり紙をくるくるまるめたものをたくさんつくってトイレに置いていた、という話も読みましたが、こういうことだったんですね。

・その後

月経血コントロールを始めて、ナプキンはほとんど使わなくなりました。ごくたまになんとなく使ってみることがあります。ただ一年前に買ったナプキン一袋をまだ使い切らないくらいしか使っていません。ナプキンを買うのが馬鹿らしくなったということも大きいです。使わなくても問題ないし、荷物になるし、お金をかけなくて済むので楽です。予想外の時期に生理になってしまったときに、ナプキンの用意がなくて焦ってしまうということもなくなりました。ちょっと紙さえあれば、何も必要ないのです。

月経血コントロールするのは楽しい、と感じます。いつ生理がきても動じることがないし、無事に身体が循環していることに安心感を覚え、自信になります。こうやって月経血コントロールができていたら出産もうまくいくのではないか、とも思えます。きっかけは、やっぱり楽しかったからですし、昔の人にできたことを自分もしたかったから、と思います。楽でストレスがないので続けられたのだとも思います。道具を整えて始めるのではなく、道具を捨てて始めるものだった、ということも気軽でした。

こういうことをやっている女性たちが、あるいは性と生殖にかかわることで「力強さ」を得た女性たちが、冒頭の「リスクによる切除」を決して行わないだろう、ということを言っているのではない。あくまで、さまざまな身体経験を通じ、自分の体に自信をもつことができれば、遺伝子検査や客観的と呼ばれる数値にむやみな「リスクと不安」をあおられることが、いくぶんかは少なくなるであろう、と考えるのである。そのきっかけは、幾重にも用意されていることに希望を持っていたい。

第7章　妊娠中絶

「妊娠中絶」について冷静に語りたいと思うが、なかなかむずかしい。いのちがどこからはじまるのか、とか、宗教的な問題がからむから、とかいろいろ理由はあるのだが、個人的には、そのむずかしさは、妊娠、出産、子どものこと、など、いわゆる母性保健研究者としての数多のテーマのうち、自分自身が研究者として一番はじめに手がけた大きな研究が「妊娠中絶」であったことによる。非常に重いテーマである「妊娠中絶」に、はじめからとりくみたかったわけではなかったが、一九九〇年代初頭、北東ブラジルで駆け出しの研究者として小児の急性呼吸器系疾患(肺炎など)の医薬品状況調査の仕事をしていたところに、文字どおり妊娠中絶のテーマが〝降って〟きて、のがれようもなかった、というのが正直なところである。この「降ってきたテーマ」について記述することは、そのまま妊娠中絶という問題の理解への一助になるかと思うので、書いてみよう。

「安全ではない中絶」

一九九〇年代にはＷＨＯ（World Health Organization 世界保健機関）主導のセーフ・マザーフッド・プログラム（安全に母親になるプログラム）で、「世界では、毎分三八〇人の女性が妊娠し、一九〇人の女性が望まない妊娠に向き合うことになって、一一〇人の女性は妊娠にかかわる合併症を経験し、四〇人の女性が安全ではない中絶を経験している」といわれていた。

「安全ではない中絶」という言い方には理由がある。妊娠中絶は衛生的に問題のない安全な医療環境で行われさえすれば、もっとも安全な外科的処置の一つであるといわれている。日本では全身麻酔で行われるようだが、必ずしも全身麻酔が必要とされるわけではなく、局所麻酔と精神安定剤などの投与でおこなわれることも少なくない。安全な医療環境で、資格のある医師によって行われれば、妊娠中絶は少なくとも身体的には安全な処置なのである。しかしながら、そのような安全な医療環境が整えられるためには、妊娠中絶が合法でなければならない。違法であれば、そのような医療環境を準備することができない。

医療環境が準備出来なければ、それでは女性は妊娠中絶をしないのかというと、女性の人生というのはそんなに単純ではない。妊娠した女性は、望んだ妊娠か望まない妊娠かにかかわらず、一度は、妊娠を続けたのちに出産するかもしれない子どものことを考える。しかしながら、いま「産めない」理由は世界の女性の数と同じくらいあり、妊娠中絶が合法であろうが違法であろうが、いったん「産めない」と決めた女性はどのようにしてでも妊娠中絶をしようとする。妊娠中絶が違法な国において、「どのようにしてでも妊娠中絶をしよう」とすると、それはいきおい「安全ではない」方法に頼らざるを得ない。無資格の施術師を訪ねて衛生的ではない環境で中絶の処置をうけたり、高いところから飛び降りたり、尖ったものを突っ込んだり、危険な薬を使ったりする。そのようにして、「違法な妊娠中絶」は「安全ではない妊娠中絶」とほぼ同義となるのである。

現実には、カトリックを国教とする国やイスラム圏の国の多くは妊娠中絶が違法である。妊娠中絶は宗教的な問題であるといわれる。しかしながら、カトリックやイスラム圏の多くの国でも、お金さえ出せば「安全な妊娠中絶」にアクセス出来る、というのが実情である。どんな社会にも、財を蓄えた豊かな人々は存在するのであり、そのような人は、一千ドルも出せば、世界中の都会で妊娠中絶をやってくれる産婦人科医を見つけることができる。だから、妊娠中絶は宗教的・文化的問題ではなく、経済的な問題といえる。どんな国にいてもどんな宗教であってもお金がある人には安全な妊娠中絶にアクセスする道が残されているので、結局、妊娠中絶が違法である国で安全な処置が受けられないのは、つまるところお金のない人たちなのである。「妊娠中絶を避けるために、家族計画、つまり避妊を徹底せよ」とは、よくいわれることであるが、家族計画の世界では、「九五％の家族計画の普及率と九五％の効果があっても、すべての女性が二人ぐらいの子どもを持つ人生を送るとすれば、一〇人中、七人は人生のうちに一回は妊娠中絶をするだろう」と言われている。避妊は一〇〇％確実なものではないのであるから、妊娠中絶は、はじめから望んで行う人も少ないにしても、女性の人生にとって避けることのできない現実なのである。

ブラジルはカトリックの国なので、女性の命にかかわるときやレイプなどの例外的な場合を除いて、妊娠中絶は違法である。しかし、実際には、一九九〇年代の推定でも、年間五〇万から四〇〇万件の違法な妊娠中絶が行われており、世界の妊娠中絶の一〇％はブラジルで行われている、とさえ言われていた。

胃潰瘍の薬を妊婦が服用

私は一九九〇年から九一年にかけてブラジル北東部のフォルタレザという街の大学付属の産科病院と公立産科病院の二つの大きな病院に出入りしており、その一年で「不完全な流産」で入院する患者の数が一・五倍に増えたときいていた。疫学研究者としてその報告を受けた当初は、いったい何が起こっているのか理解出来なかった。ブラジルでは妊娠中絶は違法であるが、出血や腹痛など、何らかの症状があれば、それは「不完全な流産」であるから、病院は女性を治療しなければならない。この症状で病院に来た患者は、「完全な流産になる」ように処置を受けていた。

産科病院で「不完全な流産」の入院が増えたのと同じ時期に、同じく研究者として出入りしていた小児病院では、赤ちゃんの奇形が報告されていた。額の骨が楕円形に欠損している、という、いままで報告がない奇形をもつ赤ちゃんが五例も続けて生まれ、イギリスの権威ある医学雑誌『ランセット』[1]にも報告され、『クリニカル・ディスモフォロジー』という奇形の雑誌にも最初の事例として登録される。[2]

調査を進めていくと、その奇形の赤ちゃんを産んだ五人の母親はみな、妊娠初期に、ミソプロストルという薬を服用していることがわかる。ミソプロストルとは、ブラジルでシトテック(Cytotec　日本ではサイトテックと呼ばれる)という商品名で売られていたプロスタグランジンE1製剤のことである。もともと胃潰瘍の薬として開発されたが、子宮収縮作用もあることが知られている。

どうやらブラジルで妊娠中絶をしたいけれども一千ドルを払えない女性たちは、このミソプロストルを服用していたらしい。当時からミソプロストルは子宮収縮作用のあることが知られていたが、完全に妊娠中絶をできるほどの作用はなく、妊娠中絶を確実にしたければ、当時abortion pill（中絶ピル）とよばれていたＲＵ４８６という薬を併用しなければならなかった。ミソプロストルのみでは、妊婦が服用すると一割くらいは何もおこらず、一割くらいは流産してしまい、あとの八割は出血をおこす（が、完全に流産はしない）といわれていた。妊娠中絶したい女性たちは、妊娠中絶してくださいといって病院に行くことはできないが、出血していれば「不完全な流産」として受診することができ、病院で「完全な流産」になるように処置してもらえる。そして、その出血を起こすためにどうやらミソプロストルはさほどの危険もなく（飛び降りたり何か突っ込んだりすることにくらべたら、ということだが）使いやすい、という情報が、何らかのルートで女性に伝わり、病院の受診が前年度比一・五倍になった、ということらしい。

まず、市内の薬局で本当にこういう薬が手に入るのかどうか、調査をした。(3) シミュレーティド・ペーシェント、つまり〝偽患者〟を薬局におくり、「妊娠中絶できる薬をください」といわせて、売ってくれるかどうかを調査する。フォルタレザ市内にある四四〇の薬局のうち、一〇三の薬局に偽患者を送ると、六四％の薬局が妊娠中絶薬を売った。そして、一二一の訪問のうち、九九例で売られた薬がミソプロストルであった。値段は、およそ五、六ドルで、一九九一年当時の現地の最低賃金が月に七五ドルであることを考えると、決して安くはないが、手の届かない値段ではない。

当時、ミソプロストルは妊娠中絶の薬として売られていたわけではない。もともと胃潰瘍の薬としてブラジルに入ってきて、胃潰瘍の薬として薬局で売られていたのである。イギリスの権威ある医学雑誌『ランセット』に載ったこの薬の全面広告は興味深いものだった。派手な広告ではなく、論文のように細かい字がたくさん書いてある学術的な広告で、一見何の広告かわからない。よく読んでみると胃潰瘍の薬、というのがわかる。そして、その広告には小さく妊婦の絵が書いてあって、そのうえに「×」が書かれている。すなわち、妊婦には禁忌である、ということが素人目にもはっきりとわかる。胃潰瘍の薬であるが、妊婦は飲むと流産する危険がある、と書いてある。すなわち妊婦が飲めば、妊娠中絶にいたる可能性があるわけで、おそらくはそういう「薬理学的な」情報が広まり、そういう効果もある薬として、薬局が販売し始めたのであろう。薬局における調査では、ミソプロストル以外にもこうした用途で使われていた薬がほかにもいくつかあることがわかったが、なんといってもミソプロストルが多く売られていた。中絶したい女性たちはこの薬を使って出血して病院に行く。このような女性たちを一年間産科病院で追ったが、私たちが見たなかでも、それほどひどい状態の人はおらず、ミソプロストル服用は、ある意味で安全な中絶の方法だった、といえよう（上記の奇形の問題は結局追究されないままに終わってしまった）。

中絶が違法の国での質問票調査

薬局の調査の次には、上記の大学付属病院ともうひとつの大きな公立病院をベースに、出血して病院を訪れた女性のうち、何人が本当に妊娠中絶をしようとしたのかを調査した。つまり妊娠中絶が違法な国における妊娠中絶の実態が、こういうところから垣間見えるのではないか、と考えたのである。

一九九二年十月から一九九三年九月までの一年間、フォルタレザ市内のこの二つの病院を訪れた〝不完全な流産〟の可能性のある女性全員を対象に、病院のカルテと質問票を使って、インタビュアーがデータを集めた。四、五人のインタビュアーに病院に常駐してもらい、対象となる女性全員に質問票調査を行った。妊娠中絶に来た女性だから、精神的ダメージを受けているし、違法なことをやっているという意識もある。そういう人が相手なので、インタビュアーの質が問われる。インタビュアーが上手にアプローチ出来ないと、本当のことを言ってもらうことは難しい。インタビュアーに一週間のトレーニングを行い、一年間丁寧にスーパービジョンをした。病院のカルテを見せてもらわなければならない場合もあるので、病院の人たちとの関係性も調整しながらの調査である。調査期間中は私自身も毎週、両方の病院へ通い、一年間、データ収集をした。

この「不完全な流産」で来院した女性たちのうちどのくらいが、妊娠中絶なのか。妊娠中絶が違法な国では、いったい妊娠中絶についてどのような実情なのかを知る術は少ない。病院でのこのような調査くらいしか、妊娠中絶の現状を知る方法がない、と思われていたから、WHOが、妊娠中絶が違法な国で実際にどのくらいの妊娠中絶が行われているかを知るための標準的な研究プロトコールを作っていた。つまり、自分自身で「これは妊娠中絶です」となかなかいえないであろうことを想定した質問票をつかうのである。WHOは、妊娠中絶の調査が困難なブラジルのような国の病院における「不完全な流産」が妊娠中絶であるかどうか、を以下の四つのカテゴリーで定義している。

定義のまず一つめ、「確実に妊娠中絶」に該当するのは、女性自らが「私は妊娠中絶をしました」と言うこと、あるいは、膣に傷があったり異物が入っていたりすること。このいずれかであれば「確実に妊娠中絶」と定義する。

定義の二つめは「おそらく妊娠中絶」というカテゴリーで、本人が妊娠中絶ではない、と言っていても、敗血症や腹膜炎を起こしているような状態のときに使う。非常に重篤な感染症をおこしているのだから、何か不適切な、妊娠中絶を誘発するようなことをしたのではないか、ということになる。感染症を起こしていて、なおかつ、その妊娠が計画していないものだった、と本人が答えたら、それは「おそらく妊娠中絶」というカテゴリーにわけられる。

三つめのカテゴリーは「妊娠中絶の可能性がある」、これは、先の「おそらく妊娠中絶」に該当する二つの条件のいずれかにあてはまる場合に使う。敗血症や腹膜炎を起こしているか、あるいは、妊娠は計画しなかったものだったと言うか、そのどちらかであれば、このカテゴリーに該当する。

以上のどれにも該当しない場合は、「流産」であって妊娠中絶ではない。この研究プロトコールを使って、WHOとイギリス援助庁の研究資金を得て、ミソプロストル使用が頻発していると思われるフォルタレザの二つの病院で調査を行った。

調査期間は一年間、四三五九人の女性にインタビューした。二つの病院だけで一年間にそれだけの数の「不完全な流産」（つまり出血している）の女性が訪れたのである。インタビューを断られたことはほとんどない。妊娠中絶する女性はだれにも話したくない、という気持ちをもっている反面、罰せられないことがわかっていればだれかに聞いてほしいという気持ちもある。よく訓練されたインタビュアーが訪問し、プライバシーが守られている状況で、多くの女性は比較的安心して話をしてくれたのだろう。

対象となった四三五九人のうち四八％が一番目の「確実に妊娠中絶」に該当した。半数の女性たちは、自分でこれは妊娠中絶だったと言ったのである。この二〇八四人の三分の一はミソプロストル、つまりシトテックのみを服用、もう三分の一はシトテックと別のものも飲んでいた。残りの三分の一が薬草やほかの薬を使ったり注射をしたり、異物を入れたりした。妊娠中絶が違法の国において、病院を受診した「不完全な流産」の四八%が「中絶でした」と言った、というのはWHOの計画書を使った他国のデータと比べると驚くような高率である。二番目の「おそらく妊娠中絶」はゼロであった。感染を起こすことは、ミソプロストルによる〝妊娠中絶〟には無縁なのである。この妊娠は計画していないものだったと言った人、つまり三番目の「妊娠中絶の可能性」は四〇%であり、「流産」はわずか一二%しかいなかった。

ミソプロストルを服用して子宮収縮を起こして出血させる。それで病院に行けば受け入れてくれるわけだから、中絶は非合法といいながら、実は比較的安全なルートがつくりあげられていた、といえないこともない。このように病院を受診し、「妊娠中絶した」と言った女性は、「していない」と言った人よりも若くて、結婚していない人が多い、子供も少なく以前にも中絶経験がある、といった傾向が見られた。流産の人と比べても、合併症や入院の期間には差はなく、妊娠中絶した人にも深刻な合併症は見られない。この女性たちをその後一年間フォローアップしたが、一年以内に二四%が再び妊娠し、全員のうちの六%の女性が一年以内にまた妊娠中絶していることがわかった。妊娠中絶が違法である国の、これが現実である。女性はどのようにしてでも中絶しようとするのである。

より安全な治療のために

妊娠中絶は安全な医療環境で行われれば最も安全な外科手術のひとつである、とこの章の初めに述べた。妊娠中絶の処置には大きく二種類あり、一つはDilatation & Curretage（D&C）とよばれる、いわゆる〝掻爬〟、もう一つは吸引法である。D&CはCurette とよばれる長いスパチュラのようなもので、子宮内をかきだす。吸引は、陰圧をつかって、簡単に言えば、子宮内に「掃除機をかける」ようにする。先進国ではだいたい、月齢が低い場合、電動の吸引法がつかわれていることが多い。D&Cより女性の負担が少ない、といわれている。吸引の場合、全身麻酔は必ずしも必要ではない（日本では必ず全身麻酔をするようだ）。ブラジルでは、妊娠中絶が違法であるため、吸引法を導入することができていなかった。

この四千人をこえるフォルタレザにおける妊娠中絶の実態調査結果をみると、ほとんどの妊娠中絶の月齢は十二週以下であり、合併症がないため、D&Cより吸引法による処置の方がふさわしい。そこでこれを妊娠中絶のためではなく、「不完全な流産の治療のために導入する」という名目で、病院の新しいルーティンにすることをめざし、資金援助してくれる援助組織を探した。

一つはマリー・ストープ・インターナショナルという、家族計画を推進したマリー・ストープという人の名を冠したイギリスのNGOで、開発途上国における妊娠中絶のクリニック運営の支援もしているところであり、電気がつかえないところでも吸引の処置ができる手動吸引（Manual Vacuum Aspration: MVA）と呼ばれる機器を導入してくれないかと打診したが、ブラジルへの導入には支援が得られなかった。

もう一つコンタクトをとったのは、アメリカの、小児保健研究でよく知られているノースカロライナ州チャペルヒルにあるＩＰＡＳというアメリカのＮＧＯで、先ほどの手動吸引法（ＭＶＡ）の普及に当時特化していたＮＧＯだった。アメリカでの妊娠中絶の議論は政治的議論の焦点になっており、キリスト教右派を支持基盤にもつ共和党が政権を取ると、妊娠中絶に関する国際協力をする組織にアメリカ政府は一切お金を出さない、という方針があり、〝ギャグ・ルール〟とよばれている。幸いにも私たちがＩＰＡＳにコンタクトをとったときは、民主党クリントン政権下のアメリカであり、ＩＰＡＳがブラジルへの進出を試みようとしていた時期と重なり、ラテンアメリカでの最初の試みとして、ブラジルへの手動吸引法技術移転の援助をしてくれることになった。

調査を行った二つの病院のドクターたちも、この新しい技術の導入に賛成し、医師や看護師がＩＰＡＳのトレーニングを受けて上手にできるようになり、そののち、ブラジル各地への普及の中心にもなってくれて、手動吸引による「不完全な流産」治療はすぐに普及し、いまではブラジルの多くの病院でルーティンとして定着しているときいている。

この一連の妊娠中絶の調査プロジェクトを通して、現実には妊娠中絶を減らしたり、合法化に働きかけたりすることはできなかったが、少なくとも、妊娠中絶をしたい女性が病院に行ったときに、よりよい治療が受けられるということを成果にすることはできたし、何より妊娠中絶が違法な国における妊娠中絶の現状を深く理解する一助となった。

「リプロダクティブ・ヘルス」「リプロダクティブ・ライツ」

九〇年代にこの調査をしていたころは、一九九四年のカイロ国際人口開発会議（以下カイロ会議）で提唱された「リプロダクティブ・ヘルス」「リプロダクティブ・ライツ」という言葉がでてきたころでもあった。もともと公衆衛生、国際保健の分野で「母性保健」と呼ばれていた分野が広がり、「生殖にかかわる保健」すなわちリプロダクティブ・ヘルスと呼ばれるようになったのである。カイロ会議以前の人口や家族計画の問題の焦点は、主に〝人口爆発〟への対処であった。途上国の人口爆発を抑えないと、人口が増えすぎて地球が危機に陥るという、今も一部の人には口にされることがある考え方である。

一九六九年にUNFPA（United Nations Population Fund、国連人口基金）が設立され、一九七四年にブカレストで開かれた人口会議で、世界人口計画が「人口政策は社会経済政策の代替物ではなく、その不可分の一部である」というように、開発優先の主張はあるものの、全体的には政府による人口抑制政策の推進が勧告される。開発途上国では人口爆発が起きているので、これを何とかしなければいけないという発想であり、家族計画、避妊法の普及はその延長線上にあったのである。

しかし、カイロ会議でその発想は大きく方向転換し、カイロ会議以降は人口政策自体は、人口抑制の推進というより、ひとりひとりの女性のリプロダクティブ・ライフの充実に目が向けられるようになる。女性が自らのリプロダクティブ・ライフに対して積極的にコミットできるようになると、結果として人口は減っていくのではないかということである。もっと一人ひとりのリプロダクティブ・ライフを大切にしていこう、という方向に変わっていき、いまよく使われている「リプロダクティブ・ヘルス」「リプロダクティブ・ライツ」「女性のエンパワーメント」という考え方につながっていく。ここに数値目標と資金の調達目標が掲げられたことが、人口アプローチにとっての大きな転換点につながるのである。いまやリプロダクティブ・ヘルスの一環としての家族計画は、もはや人口増加の抑制という意味では語られず、途上国で家族計画のプロジェクトを行う際も、一人ひとりのリプロダクティブ・ヘルスをより豊かなものに、より女性が暮らしやすくするという発想での出生調節になっている。

カイロ会議において、リプロダクティブ・ヘルスと同時に「リプロダクティブ・ライツ」という考え方が提唱される。一九八五年のナイロビの世界女性会議で発表されて、カイロ会議以降、重視されるようになったものだが、その定義は、「すべてのカップルと個人が自分たちの子供の数、出産間隔、出産する時期について責任を持って自由に決定でき、そのための情報と手段を得ることができるという基本的な権利、並びに性に関する最高水準の権利、及びリプロダクティブ・ヘルスを得る権利」ということである。

こういったことに反対する人は基本的に誰もいないだろうと考えるが、実はこの「責任を持って自由に決定できる」ということが議論を呼んだ。つまり「責任を持って自由に決定」するためには、人工妊娠中絶の肯定が前提になってしまうのである。そして、リプロダクティブ・ライツの「自由に決定できるための情報と手段」という中には、安全な妊娠中絶に対するアクセスも、もちろん含まれているために、常に政治的な議論を呼ぶことになる。

ローカルヒーラーによる優しいシステム

リプロダクティブ・ライツは、女性が「性と生殖、産む時期と産む・産まないを決めることができる」ということだ。妊娠中絶の違法の国ブラジルにあっても、妊娠中絶する、というニーズはなくなりはしない。女性の人生はあまりにも複雑であり、お上が違法にしようが、教会が禁止しようが、中絶しなければならないときは、女たちは中絶するのである。その姿を毎日見ていた私は、リプロダクティブ・ライツを、当初、そのとおりだと思った。女性が決められることはすばらしい、他人が決めるのではなく、女性が決めるのはよいことにちがいない、と。

しかし、調査をつづけながら、私はすこしずつ考えが変わっていく。リプロダクティブ・ライツの発想において、「女性がすべて決める」というのはすばらしいことに聞こえるが、だからといって、女性は性と生殖に関することを、すべて自分の意志で決めることができるのか？決めたことによる負い目を、女たちは自分の人生でずっとひとりで背負っていけるのか。実は、決められないのではないか。だれかが肩代わりして決めてあげる方がよい時もあるのではないか。そう思うようになったのは、上記に書いた妊娠中絶の調査と並行して、現地の医療人類学者と一緒に、産婦人科医やバック・ストリートで中絶を行っている人、カトリック・ヒーラー、薬草医などに話を聞いて回り、妊娠中絶にはどういう印象を持たれているのかを調査してきたことによる(4)。

ブラジルのノルデステにはいろいろなヒーラーがいる。ウンバンダという現地独特の宗教の呪術者や薬草医、拝み屋さん、闇で中絶する人など。そのなかに、「ローカル・カトリック・ヒーラー」と呼ばれる人たちがいた。ブラジル北東部には定期的に、ローマカトリックが認めない「土着のカトリック聖者」があらわれる。バイア州奥地で、ブラジル連邦国軍と闘ったカヌードスの乱をひきいたアントニオ・コンセイレイロや、セアラ州の奥地ジョアゼイロ・ド・ノルテにあらわれ、いまも多くの人に敬われているパードレ・シセロなどはその例である。ノルデステの奥地には、普通のカトリック教会もあるが、そういった、ローマの認めないローカルカトリック教会も多い。

そのようなローカルカトリックのある神父は「ウィメンズ・ボトル」（女性の薬）と書かれたビンを持っていた。「月経が遅れた女性」に飲んでもらうのだ、という。ローカル・ヒーラーには、「女性の健康を守る秘訣は毎月、月経があることだ」という発想があるので、もし月経が止まったり遅れたりしたときは、規則的に戻さなくてはならない。放っておくと気分が悪くなったり、お腹が膨れてきたりするらしい。それは妊娠ではないかと思うが、そうは言わずに、「月経が止まったり遅れたりしたら、規則的に戻す必要がある」と言う。その「ウィメンズ・

ボトル」は要するに、薬草などをつかった「通経剤」つまりは、「人工妊娠中絶薬」なのである。カトリックで中絶は違法であるが、このノルデステのローカルカトリック・ヒーラーは、「それを飲むと無事に月経が戻ってくる通経剤」を処方するのだ。

現地の市場ではたらく薬草師も、「女性が毎月、月経があるのは健康維持のために重要なことである」と言った。また、「十二週までは妊娠ではない」とも言った。「遅れた月経や止まった月経は、ちゃんと月経が来るようにしないと、下腹部が腫れてきて気分が悪くなってくる」とローカルカトリック・ヒーラーと同じように言う。つまりそれって妊娠じゃないの、ちゃんと月経が来るようにする、ってそれは中絶じゃないの、と問うても薬草師たちは「そうではない」という。これは「月経調整」であって中絶ではない、と主張する。

それは、決められないことを女性一人に責任を負わせず、文化が肩代わりする、優しいシステムのように私には見えた。なぜなら、産んでも産まなくても女性はつらいから。そのつらさを文化的に肩代わりできることはすばらしい、と思えたのだ。近代的に、リプロダクティブ・ライツという枠組みのもとですべて女性に決定させることだけが女性にとってやさしい解決になるとは限らない、と思ったのだ。それはある意味、カイロ会議で合意を見たリプロダクティブ・ライツへの疑問ともいえた。少なくとも、「女性が決めることが何より大切」だけですべてうまくいく、というわけにはいかないことを知った、と思った。しかしそれはまた、のちに、ブラジルからの驚くような情報によってくつがえされていく。

ヤノマミ――解決できぬ課題

上記の大規模な妊娠中絶調査から約十年がたち、日本で暮らしていた二〇〇九年四月、NHKのグループが数ヶ月の同居を許され、放映された「ヤノマミ――奥アマゾン　原初の森に生きる」に、見入ってしまった。[5] 欧米人に「最後の石器人」とよばれるヤノマミ族は一万年以上、独自の文化と風習をまもり続けている、アマゾン森林に住む人たちである。ブラジル北東部ノルデステではなく、アマゾン森林の広がるブラジル北部ノルテの深奥からの報告であった。

ヤノマミの女は森で子どもを産む。産んだ子どもを人間として迎え入れるか、精霊として森に返すか、産んだ女が決めるのだという。産むときにはたくさんの女たちが「手伝う」が、子どもを人間として迎え入れるかどうかの決定は、産んだ女性一人だけで行わねばならない。取材の前年、その集落には二十一人の子どもが生まれたというが、そのうち半分以上は精霊として森に返された。番組では、十四歳の少女の妊娠を追う。その少女は、四十数時間の陣痛の末に産んだ子どもをどうするか、彼女自身が決めなければならない。彼女は、子どもを人間として迎え入れず、森に帰すことに決める。精霊とされた子どもはシロアリの巣におかれ、シロアリに食べられる。そのシロアリの巣は燃やされる。そして森に帰る。ヤノマミの十四歳の女性は森の中で一人で決めるのである。彼女が決めなければならない。

ヤノマミの映像を見ながら、私がノルデステのローカル・ヒーラーたちの話を聞いて、「自分が決めず、文化が守る」ことこそ女性を守ることだと考えたことを、ずいぶんと甘い認識だったことに気づかされた。リプロダクティブ・ライツは近代的な発想だと思っていたが、ヤノマミがやっていることは要するに母がすべてを決める、ということだ。これはリプロダクティブ・ライツと同じか。いや、そういうことであるはずはない。人権尊重を底流とするリプロダクティブ・ライツは、母の子殺しなどもちろん認めてはいない。妊娠中絶は認めても。

私はたじろいだ。まだ結論などだせない。「母が決める」ということの重みを、これからもずっと感じながら考え続けるしかない。ブラジルからもらった宿題を未だに解決できずにいるのである。妊娠中絶について冷静に語れない、と冒頭に述べた通り、いまだに解決できぬ課題を抱えつづけているのである。

Ⅲ　女の朝夕から

第8章　三歳児神話と軒遊びの喪失

「科学的根拠」は何のために示すか

「科学的根拠」は何のために出すのか、ということについて先の章で述べた。例えば、「女性が自分のからだをつかって産んだ、と実感出来るような、また、赤ちゃんの力を生かすことができた、と感じられるような出産経験は、母子関係においても母子の健康、という点においても、重要である」ということとの科学的根拠を提供するような研究についてもとりあげた。このような科学的根拠は、医療サービスや医療政策の提供のために使われるべきものである。科学的根拠を出したからといって、すぐに医療サービスも政策も変わるわけではない。何も変わらないかもしれない。しかし、現状を変えていきたい、と考えるサービス提供者や政策担当者があらわれれば、その科学的根拠をつかうことができる。つまり、「安全性の追求とともに、もっと女性や赤ちゃんの出産経験自体を大切に出来るような試み」をしようとするような病院の院長や厚労省の担当者があらわれれば、この科学的根拠を使って現場を変えていくことができる。そのために科学的根拠は出されているのであり、だから、いま、研究者が科学的根拠を出していく、ということは未来のまだ見ぬ人への贈物である、ともいえる。

　このような科学的根拠は、一般の女性たちの出産にかかわる行動を変えることを目的としてはいないし、意図されてもいない、と述べたことを繰り返しておこうと思う。女性たちの行動は科学的根拠などでは変わらないし、また変わってほしくもない。女性たちの行動は、彼女たちが信頼する親密な関係にある人のおだやかな語り口によって変わったり、説得力ある文章によって変わったりするのであって、科学的根拠によって変わるのではない。だからこそ、時代の雰囲気や一つのキャッチコピーによって大きく行動が変えられたりする、とも言える。むしろ、「科学的根拠の提示によって女性の行動が変わった」ようにみえるときには、科学的根拠に説得されたというよりは、実は巧みなキャッチフレーズや言葉遣いによって変わっていることが多く、その基になっている科学的根拠は、実は形をかえていることも少なくないのではあるまいか。

本章では、第一章でふれた「三歳児神話」をあらためてとりあげる。

「三歳児神話」とはなにか

「三歳児神話」という「神話」があるといわれている。官公庁の白書にも登場しているので、単なる流行語ではなく、すでに公式に使われる通りのよい言葉になっているといえよう。これは「子どもが小さいうち、特に三歳までは親が子どものそばにいて育児に専念すべきである、という考え方の科学的根拠は疑わしい。つまり、科学的根拠もとぼしいのに、小さい子どもと親が一緒にいるべきだ、というのは、神話に過ぎない」といっているのである。臨床心理学の論文に「三歳神話」として使われたのが初期の使用例、といわれていたり(1)、「母性愛神話」という使われ方をしたり(2)している。

二〇一五年現在、働く女性が乳幼児を預けて職場に向かう、あるいは仕事に専念することは、政策レベルでも、個人的なレベルでも奨励されていることである。一方、子どもの数が減ってゆき、子どもを産む女性が減ってゆくこと。それは直接に人口の減少につながり、また、予想もつかなかった影響が生じることになるであろう、ということから、これは、「少子化問題」といわれており、担当大臣までいる。少子化の進行が少しでもとまるように、あるいは、おだやかになるように、女性には子どもを産んでもらわなければならない。それらの方策は、「子育て支援」と呼ばれるようになっており、新聞で目にしない日はなく、いかなるレベルの選挙戦でも、中心の課題となる。そして、「子育て支援」が口にされるとき、かならず議論されるのは「保育所が足りない」ことである。そのことに誰もが同意している、ようにみえる。

女性たちが子どもを産まなくなったのは、子どもを産むことによって、仕事を辞めなければならないからである。だから、仕事を辞めなくてもよいように、出産前にやっていた仕事をそのまま続けることができるように、保育所が整備されなければならないが、実際には保育所が足りない。だからもっと保育所をつくらなければならない、ということになる。各自治体は、あるいは、政府は、保育所に子どもを預けたい女性たちの〝ニーズ〟にこたえていない。それが現状である、といわれている。保育所がいっぱいで、子どもを入れたいのに入れられない、と、母親たちが抗議活動をしていたが、そういう活動はどこでもおおむね好意的に受け取られているし、当然の要求だと思われている。いまどき、「保育所に子どもを預けてまで働きに出なくてもよいのではないか」などという人はいないのである。男が一人働いただけでは家計が維持出来ない、という事情もあるだろう。とにかく、必要とするのに保育所がないこと、が問題なのである、という理解は共通している。

女性たちは保育所がもっと欲しいと思っているし、それを提供出来ていない自治体や関係する政治家は、なんとかしなければ、と思っている。しかし、そこには「女性が働くことはよいこと」、「子どもが保育所に行くのは子どもにとって悪いことではない」、「幼い子どもが、親や自分の家からはなれるのは仕方がないことだし、それによって悪い影響は出ないといわれているから、かまわないことである」という前提がある。実感としては母親たちは幼い子どもを施設に預けるのは、なかなか後ろ髪が引かれてつらいことであるのだが、「それは子どもにとって悪いことではない」と信じられることで、その後ろめたさをなんとか納得させるのである。自分自身も含め、ほとんどの働く母親が通った道でもある、といえよう。

もともと、「三歳くらいまでは常時家庭において母親が子育てに専念したほうがよい」という今では〝神話〟と呼ばれてしまった言説は、乳幼児期の愛着に関する心理学を主とする研究論文からでてきたものである。他人との関係が適切にもてるようになるためには、まず母親との一体感が基礎になっている必要がある、つまり人間がおだやかに育っていくためには、乳児期の母親との関わりが重要である、ということを示したもはや古典とも言える文献は多くある。(3)(4)(5)「三つ子の魂百まで」という日本の考え方にも合致していたし、三歳くらいまでは母親が子どものそばにいた方がよいのではないか、子どもを産んだ母親も、子どもが幼い頃には、子どものそばにいたい、と思うのではないか、というのは、もちろん例外は常にあるとはいえ、多くの人の直感と観察にも根ざしていたといえよう。

その言説が合理的根拠のない「神話である」と、九〇年代以降盛んに言われ始める。すなわち、「三歳までは母親の手で」という考え方は、近代以降の産業社会に即して、性別役割分業体制を必要とした社会的経済的状況、要するに男は仕事、女は家庭、という状況のもとに生まれたものであり、人工的産物だ、というのである。日本の経済成長期に作られた「神話」なのだと言う。そういう発想がいつから「公式に」でてきたのか。『厚生白書』でたどることができる。

『厚生白書』と三歳児神話

昭和三十三（一九五八）年度版『厚生白書』では、「すべての児童が、両親の温かい愛情に包まれた家庭の中で健やかに育てられることが望ましい」とされ、保育所の目的は、「保育に欠ける恵まれない児童」を保育することであると記されていた。昭和四十六（一九七一）年度版では、「家庭は今日でも依然として児童の人間形成の第一義的な場」であり、「児童はそこで母親を中心とした家族との人間関係を通じて健全に育っていくもの」。一九七〇〜八〇年代を通じて、家庭保育重視の姿勢がうかがえる。しかし、少子化問題が顕在化する一九九〇年代に入ると、一転して保育サービスの必要性が強調されるようになり、平成十（一九九八）年度版では、専業主婦の育児不安やノイローゼが指摘され、三歳児神話には科学的根拠がなく、子どもにとっては、「愛情をもって子育てする者の存在が必要なのであって、それは母親以外の者もあり得る」として、多くの人の手によって子どもを育てること、社会全体で子育てすることの重要性が述べられはじめるのである。

少子化を機に、家庭保育重視の在り方が見直され、保育対象やその内容の多様化・拡充化が推進されてゆく。同時に、「子どもは母親によって育てられるのがよい」ということで一貫していたトーンは、「子どもはより多くの人によって育てられたほうがよい」と言われるようになる。「三歳児神話には少なくとも合理的な根拠はない」という説明は、平成十年の『厚生白書』に初めてあらわれ、以下のように説明されている。

三歳児神話というのは本当だろうか。三歳児神話とは「子どもは三歳までは、常時家庭において母親の手で育てないと、子どものその後の成長に悪影響を及ぼす」というものである。

三歳児神話は、欧米における母子研究などの影響を受け、いわゆる「母性」役割が強調される中で、育児書などでも強調され、一九六〇年代に広まったといわれる。そして、「母親は子育てに専念するもの、すべきもの、少なくとも、せめて三歳ぐらいまでは母親は自らの手で子どもを育てることに専念すべきである」ことが強調され続けた。その影響は絶大で、一九九二（平成四）年に行われた調査結果においても、九割近い既婚女性が「少なくとも子供が小さいうちは、母親は仕事をもたず家にいるのが望ましい」という考えに賛成している。

しかし、これまで述べてきたように、母親が育児に専念することは歴史的に見て普遍的なものでもないし、たいていの育児は父親（男性）によっても遂行可能である。また、母親と子どもの過度の密着はむしろ弊害を生んでいる、との指摘も強い。欧米の研究でも、母子関係のみの強調は見直され、父親やその他の育児者などの役割にも目が向けられている。三歳児神話には、少なくとも合理的な根拠は認められない(6)。

つまり、三歳までは母親が育児に専念したほうが子どもにとってよい、という根拠などない。根拠がないのに、信じられているから、「神話である」というのである。『厚生白書』がいみじくも「科学的根拠」とは言わず、「合理的根拠」と表現したのは、適切な表現であったと思う。現実には、上記の心理学を中心とする研究における乳幼児と母親の関わりの重要性についての言説は、いまや、古典ともいえるようなものだし、その後も、医療、看護、保育、心理学などの専門領域においても着実に研究が積み重ねられているから、「科学的根拠がない」とは現実には、とてもいえないのだ。

お母さんたちの声を聞く

職場の女子大のゼミ生に「三歳児神話」を卒業論文に取り上げた学生がいた。元幼稚園教諭で、思うところあって社会人入学してきた方で、論文執筆当時、三歳の子どもがいた。彼女は幼い子どもを育てながら、また、同じ保育所にいる子どもたちを見ながら、考える。自分が幼稚園教諭をしてきた経験、保育業界に関わってきた経験も思い起こされる。「やっぱり三歳くらいまでは子どもと一緒にいたいし、そのほうがよいのではないか」と、思う。この時期の子どもの成長はめざましい。いっとき、いっときが宝物のように思われる。学業をすすめるのに必要だから、現実には子どもを預けるのだけれど、この幼い人たちとできるだけ一緒にいたい、という感情は「神話」ではなくて、「実感」のように思われた。

——今自分が実感として感じていることが、なぜ「神話」といわれるのか。自分の実感は、「神話を信じ込まされている」にしては実に生々しいものであるように思うが、なぜ「三歳児神話」といわれるのだろう。——彼女は他のお母さんたちへの聞き取りをはじめた。一緒に保育所に子どもを預けているおかあさんや、先輩のお母さんたちが対象である。幼い子どものいるお母さんたちは、子どもはかわいくて、一緒にいたい、という気持ちはみんなあるのだけれど、「ずっと子どもと一緒にいたら、密室育児になってしまうのではないか」、「二人きりだと嫌なことがあったら、虐待してしまうのではないかと不安だ」、「母親とべったり一緒にいないほうがきっと子どもに社会性が出ると思う」と、どこかの新聞で読むか、テレビで聞いたようなことをいう。「三歳までは母の手で」というのは、「神話」ですよ、家でずっと子どもと一緒にべったりいる、ということは、実は子どもによいことはないんですよ、という「三歳児神話」の考え方は、子どもを保育所に預けて働いている女性たちに、みごとに浸透していることが窺われた。

「三歳児神話」は、実際に女性たちの行動と考え方に影響を与えているのである。

——働きに出るお母さんたちは、「三歳までは母親の手で育てた方がよい」ということに合理的な根拠はないのだから、いま、子どもを預けて働いている、これでよかったんだ、と自分を納得させている。ほんとうは子どもと一緒にいないと子どもがさびしくて何か影響があるんじゃないか、という気持ちはどこかにはある。後ろめたさも少しある。でも、それは「神話」なんだから、気にしなくてもいいんだ、男女は平等なんだから、私だけが後ろめたく思う必要なんてないんだ、と自分に言い聞かせていた——ように、みえた。(7) お母さんたちの実感がともなっているようでともなっていない。無理矢理に自分を納得させようとしているのではないか。

本当はみな、幼い子どもと一緒にいたいと思っているのではないか。

調査した学生はすっきりしない。「お母さんたちがこう言っていても、なんだか腑に落ちない。腑に落ちないのに、うまく議論もできない」という。彼女の論文を指導する立場のわたしも、すっきりしなかった。なんだかもやもやと、妙な気がする。「三歳児神話」を議論しようとしても、うまくできない。

それは、「神話」というネーミングのせいだ、と気づくまでにしばらくかかった。くりかえすが、科学的根拠というのは、ただ、そこに科学的根拠があるだけでは、行動を変えるにはいたらない。科学的根拠のみで人間の行動が変わるのならば、苦労はしない。人は科学的根拠だけでは変わらない。そこに何らかの物語性、自分を納得させるストーリーが付与されるから、変わるのである。

「三歳児神話」は、「三歳までは母の手で」ということに科学的根拠（あるいは合理的根拠）はない、ということを主張したから、母親たちの考え方に影響を与えたのではない。それを「神話」とよんだからこそ、そこに物語性が付与され、影響力を持ったのではないか。「三歳までは母が育てる方がいい？　それは神話ですよ。迷信ですよ。そんなことを信じるあなたはとても遅れた人ですよ」――そういうメッセージが受け取られていく。遅れている、とは、差別や理不尽な抑圧を認めることを意味する。近代的な進歩がよし、とされる現代では、遅れることは、怖い。「遅れた」人間になりたくない。

「子どもは気になるけれど、こんなことを気にしているわたしは遅れているんだ。女性が自立して、よい生き方をするためにはこういう考えは振り捨てなければ」と母親をして思わせたのは、「ずっと子どもと一緒にいたら、よくないだろう。密室育児で孤立してしまうし、そうすると、わたしも子どもを虐待するかもしれないから」と思わせたのは、科学的根拠にもとづいた調査の結果ではない。「神話」というそのネーミングゆえである。実に巧みなネーミングであったと言えよう。「三歳児神話」は科学的根拠からではなく、そのネーミングからひろまり、多くの母親たちの行動様式に影響を与えるようになったのである。それでは、「三歳児神話」という言説が広く行き渡るようになって、わたしたちは何を得て、何を失ったのだろう。

母が得たもの、子どもが失ったもの

確かに母親たちが得たものはある。自由な時間、仕事に早く復帰する心の張り。子どもを預けて働くことに対して、だれにも責められないこと、いや、働かなくても、自分が良い状態であるために、子どもを預ける、ということも誰も責めなくなった。この「母親は三歳までの子どもと一緒にいた方がよい」ということに科学的根拠がない、ということは、逆に、「母と子がずっと密着していると虐待の温床になる」とか、「母親とだけいると子どもに社会性がつかない」といった考え方へと発展していく。とにかく、一番重要なことは「子どもたちが三歳までの時間は、まだものごころがついていないから、誰か安心できる人さえそばにいればよくて、それは必ずしも母親でなくてもよい」と母親たちが自分たちを納得させるようになったことだろう。このことに救われた、と思う女性たちは、確かにいたと思う。

まだまだ十分ではないとはいわれそうだが、女性の社会参加、という視点からはずいぶんと状況は変わった。一九九九年三月三十一日に「雇均法（雇用の分野における男女の均等な機会及び待遇の確保と女子労働者の福祉の増進に関する法律）と労働基準法の改定」が行われ、女性の社会進出が進み、多くの女性が賃金労働に就業していくようになったことは、男女雇用参画の観点からは大きな成果であった。この日を境に、女性の時間外・休日労働の制限の廃止、女性の深夜業（二十二時～翌五時）の原則禁止の廃止、が実現し、その結果、一九九九年半ば以降、女性労働は長時間化し、現在、十五歳以上の女性全体で「仕事」を法定労働時間（一日八時間）以上しているのは四割であり、出生数が最も多い「二十五～二十九歳の層」では六割を超えているといわれる。

女性がこのように労働市場に出て行くようになったことを支える「子育て支援」策は、ほとんどが、「働く母親の支援」、「保育所の確保」という観点で語られてきていることはすでに述べた。しかし、母親が働くという環境にある子どもの立場に立って、家庭や保育所における「子どもが育つ」環境に関する議論は、まだまだ足りないどころか、始まってもいない。

たとえば、子ども・子育てビジョンの数値目標は、二〇一〇年一月末には、「病児・病後児保育の年間述べ利用者数を現在の三一万人から二〇一四年には二〇〇万人にする」ことになっていた。病時保育の施設を充実させていく、つまり、病気になった子どもは従来の保育所に預けることができないから、そのときには、病児を預かる施設に連れて行き、仕事にでかけられるようにする、ということである。しかし、子どもの視点からすれば、具合の悪くなったときに、家から出され、従来とは違う施設に預けられることは、つらいことではないのか。わたしたちが具合が悪いときに、家にいたいように、子どももどこにも連れて行かれたくないのではないか。病時保育の充実よりも、子どもがいる女性や男性が、子どもが病気になったら、心配しないで仕事を休めるような雰囲気と制度を作ることのほうが大切なのではないか、という議論にはなりにくいのである。

「子どもの立場にたって考える」という言い方が、女性の社会参画を進める上ではふさわしくない、というふうにいわれてきた経緯がある。「子どもの立場にたって考えれば、母親にそばにいてほしいものだ」といった、本当に子どもがそう思っているのかどうかわからないような言い方を利用されたことにより、女性を結果として子育てにしばりつけてきた、と国会での審議などで指摘されてきた。

しかし子どもの視点がわからないから、ないがしろにしてもよいわけではあるまい。子どもの気持ちはわからないけれど、できるだけ、おとなが子どもの気持ちに寄り添って、言葉は通じなくても、相手の気持ちをわかってあげる努力をしなければならないのではないか。科学が示せるよりも、もっと先に行かねばならないし、わからないことがたくさんあることに謙虚にならねばならない。子どもたちの気持ちはすべてわからないし、示せないが、だから、無視してよい、とはいえないはずだ。

「子育ては負担である」、「子どもを育てることは女性の自己実現をさまたげる」、「妊娠、出産は女性の社会進出の妨げである」、という言い方に私たちは慣れているが、子どもの視点から考えればどうであろう。子どもからすれば、自分の大好きなお母さんにとって、自分は「負担であり」、お母さんの「自己実現を妨げ」る、といわれることは、つらいのではないだろうか。だからといって、母親が家にいればよい、ということではもちろんないが、わたしたちが日常使っている言葉がどのように子どもに影響を与えているかについてまだまだ思いをいたすことが出来ていないし、それこそ「科学的根拠」を示す研究の立ちあげにも、まだつながっていないのが現状だ。

女性が社会参加し、賃金労働に参加し、家事を家族で分かち合うことについては、多くの議論がなされてきたし、その発想を支える学問的枠組みも出来てきている。しかし、子どもの視点をいれ、子どもの日常を支える発想はいまだにない。「子どものいる日常家庭を支える発想と実践的なとりくみ」について、「女は家で家事、育児」という旧来の発想を超えるなんらかの大きな枠組みが必要であるように感じる。そもそも「子どもの視点」というものは、一体どういうものであり得るのだろう。「三歳児神話」の普及で何が失われたのだろうか。

軒遊びの喪失

柳田国男が分類した子どもの遊びのひとつに「軒遊び」がある。ずっと母親のそばにいた乳児が少しずつ外の世界に目を向けていくとき、まだ、外には出ていないけれども、親の目の届く軒先で遊んでいる、という感じ、とでもいおうか。

軒遊びという語は私の新たに設けた名称であるが、聞けば誰にもこの心持ちは呑み込めることと思う。一言で言えば、次の外遊びと対立し、また親の傍での生活と外の生活との、ちょうど中間にあるものともみられる。小児が次第に保育者の注意から外へ出て行く一つの順序として、おりおりは何をしているかを知らずにいる場合、すなわちそこいらにいるはずだというような際には、多くはこの遊びに携わっているので、家に手があり愛情が豊富なれば、たいていは誰かがそれとなくみている。(8)

現代のすくなくとも五十代以上の人には、この感覚は、柳田が言うように、「心持ちが呑み込める」、あるいは人によっては鮮やかなものとしてよみがえるものなのではあるまいか。母や、家の者の目の届く範囲で、ぼんやりと何をするともなく、遊んでいるような、まどろんでいるような時間。吉本隆明は以下のように書いた。

わたしにとって「軒遊び」の年齢にふさわしい一番あざやかな情景は、素通しの硝子障子で戸外と区切られた玄関の土間に、どっかり据わり込んで、ぼんやり外の方を眺めたり、兄と姉が小学校へ出かけてしまった留守に、母親と二人だけで静かなあまり、こっくりこっくりそのまま居眠りしていた記憶だった。母親は針仕事で足袋や靴下の破れをかがっている。ときどき台所のほうで家事をする。わたしは軒よりも少々内側で硝子障子の内側から、外にみえる鳩の群や、掘割を隔てた向こう岸の小学校の建て物や、道路を隔てた鉄材置き場を、ぼんやり眺めている。(9)

柳田の定義、吉本の文章は双方とも十分に詩的であり、これは科学ではないといわれようか。しかし「三歳児神話」の普及と、早期に子どもを保育所に送ることで、子どもたちが失ったもっとも顕著なものは、この詩的な「軒遊び」ではあるまいか。赤ん坊を卒業しかけている幼い子どもたちは、自分の家と、自分の親密な関係の人間のいる小さな環境で、まどろむように一日をすごすことが許されていたのではなかったか。

忙しい母親たちは、〝クオリティー・タイム〟(質の高い時間)が大切、という言い方をよくする。長い時間を子どもと一緒にいられないから、一緒にいられる時間の質を高めたい、と思っているときなどに使われる。「一緒にいる時間は、量が大切ではなく、質が大切なのです」ということばも、ずいぶんたくさん聞いた。しかし、わたしたちは、まちがっていたのではないのか。幼い子どもたちが求めているのは、クオリティー・タイムではなく、えんえんとつづくような時間をただ傍らにいるということだけ、なのではないか。子どもたちが必要としているのは意味ある時間ではないのである。

柳田国男のいう軒遊びは、ほぼ失われてしまったのではないか。生活が近代化したから、ではない。生活が近代化しても、母親の傍らで幼児が母親の気配を感じながらすごす、ということは十分にできるはずなのだ。これは決して母親に他のことをせずに子どもにかかりっきりになれ、と言っているのではない。その場にいなかったとしても、子どもに気配の感じられるところに母親がいること、を言っているのである。また、母親がいない、ということだけが問題ではない。たとえ母親がいて、子どもの相手をしているとしても「心ここにあらず」であることが問題なのである。「わたしはここでこんなことをしていてはいけない」とか、「本当は私は外で働きたいのに」とか、「こんな無駄なことをしている」とか、いま、幼い子どもをみて考えている母親の心は「ここにあらず」になりがちなのである。

吉本隆明は前掲書に、続けて書く。

ほんとうをいえば、幼児期の内働きの主役であった母親の授乳と排泄から学童期にいたる間に、とくに「軒遊び」の時期を設定してみせた柳田国男の考え方は、たんに民俗学や人類学の基礎を与えただけではない。存在論の倫理としていえば、母親による保育とやがて学童期の優勝劣敗の世界への入り口の中間に弱肉強食に馴染まない世界が可能かも知れないことを暗示しようとしているともいえる。そして誰もが意識するか無意識であるかは別として、また文明史がそれを認めるか認めない方向に向うかは別として、この中間をもつことは人間力の特性につながっていると思える。

「三歳までは母親が子どものそばにいなければならないということはない、それは単なる神話である」――それはわたしたちが思うよりずっと、おそろしい宣言ではなかったか。女性の就労を否定はしない。ただ、人生のほんのひとときである、子どもの幼い時間を、子どもの数も少なくなった今、母親がともにすごすことはそれほどまでにむずかしいのか。

科学的根拠の話にもどろう。「科学的根拠」はもとより、リスクファクターの長期的な影響をその射程においていない。たとえば「三歳児神話」をサポートするような研究調査としては、「母親の早期の就労復帰と後の子どもの問題行動の発達には関係がないとされた調査」、「子どもの発達は、母親が働くか育児に専念するかという形だけでは議論できない、とされた研究」などが挙げられるのだが、それらは所詮「子どもの心身の発達」程度しかアウトカムにできていない。それはそういった研究が不備である、といっているのではない。そもそもこういった人間のリスクファクターとアウトカムを調査する研究で長期的な影響をみようとすれば、何十年も時間がかかってしまい、そんなに簡単に結果を出せないため、そういうことは、疫学調査の枠組み、として、めったにやらないのである。そういうことが必要であるとすれば、新薬や新しい治療の導入などは、すべて世紀を越えるような仕事になってしまうからである。

しかし、わたしたちが人間として一番気にかかるのは、「こういう乳児の時代を過ごせば、学童期の心身の発達がよい」ということよりも、「こういう乳児期をすごせば、おとなになったときに、より人間として幸せに生きていられる可能性がある」ということではなかろうか。そのための科学的枠組みをわたしたちはまだ持っていないことを知るべきであると思うし、だからこそ、「子どもたちの視点」を追求することを、まだあきらめたくはない。

第9章　「排泄」に応えることから

軒遊びと排泄

前章では、「三歳児神話」をとりあげた。「三歳児神話」とは「子どもが小さいうち、特に三歳までは（母）親が子どものそばにいて育児に専念すべきである、という考え方には科学的根拠があるかどうかは疑わしい。つまり、科学的根拠もとぼしいのに、小さい子どもと（母）親が一緒にいるべきだ、というのは、神話に過ぎない」ということを言っているのであり、一九九八年の『厚生白書』にもあらわれた言葉遣いである。

「科学的根拠」という意味で言えば、出生から幼少期までとりわけ母親という存在が子どもと一緒にいることが、いかに子どもにとっての基本的信頼感を育むために重要であるかという科学的根拠は、心理学の分野を中心に十分に出されている。しかし、同時に、専業主婦の母親を持つ子どもも母親が家の外で働いている家庭で育つ子どもも、五歳の時点での心身の発達に差はない、という「科学的根拠」も、また、存在する。『厚生白書』にあらわれた「三歳児神話」という言葉は、もちろん後者の「科学的根拠」にもとづいている。母親だけが幼い子どもにしばりつけられる必要はなく、むしろそれは母親にとって負担をふやすだけである、という考えをひろく定着させることになる。「三歳児神話」は、とりもなおさず、母親たちが「無理して私が子どもと一緒にいなくてもよい」、「母親だけががんばると母子密着になって、家で孤立し虐待の温床になる」、「子どもも早いうちから社会性を身につける方がよいし、いろいろな遊びもできるから、家にいるより早くから保育所に行った方がよい」という考え方をしていくようになることに、大きく影響したといえよう。それは、「科学的根拠があるから」定着したのではなく、むしろ「神話」という言葉遣いが実にたくみであった、というべきであろう。

この「三歳児神話」という言葉遣いによって、より早く集団での保育に身を置くようになった子どもたちが失ったものは、うつらうつらと時間に追われることなく、何をしろといわれることなく、なんとなく親の気配を感じる空間で一人遊びをしているような、柳田国男の定義した「軒遊び」の時間なのではないか、と前章に記し、吉本隆明が自らの「軒遊び」を描写した文章を引用した。

わたしにとって「軒遊び」の年齢にふさわしい一番あざやかな情景は、素通しの硝子障子で戸外と区切られた玄関の土間に、どっかり据わり込んで、ぼんやり外の方を眺めたり、兄と姉が小学校へ出かけてしまった留守に、母親と二人だけで静かなあまり、こっくりこっくりそのまま居眠りしていた記憶だった。母親は針仕事で足袋や靴下の破れをかがっている。ときどき台所のほうで家事をする。わたしは軒よりも少々内側で硝子障子の内側から、外にみえる鳩の群や、掘割を隔てた向こう岸の小学校の建て物や、道路を隔てた鉄材置き場を、ぼんやり眺めている。(1)

時代が違うから、いまは軒遊び自体があり得ない、と言われるだろうか。母は針仕事で足袋をかがったりはしていない。しかし、この文章から、子どもたちが母の気配を感じながらぼんやりとすごすことは、本当は子どもたちが望み、また人間が育って行く上で大変重要な時間なのではないか、と考えるきっかけをもらえることにかわりはないと思う。この文章は以下のように続いている。

母親は、便所に行って終わった後は「もうせんと」(もう排尿・排便は終ったよ)と大声を出して呼びな、と言って、また静かになる。硝子障子越しの素通しの風景と土間に腰を着いたままの居眠りと、母親の九州弁の「もうせんと」という注意が、静かな「軒遊び」に固有のものだった。

「軒遊びの記憶」とほぼ連動し、固有のものとして思い出されているのが、排泄に関わる母親の呼びかけであることに注目したい。「軒遊び」をしている子どもはいくつくらいだろう。吉本は、自分は「おく手」のほうだったから、四、五歳ではなかったか、と回想しているが、母親が「もうおしっこ、うんちはすんだ?」と声をかける年齢であるから、おそらくは二歳前後、三歳までくらいではあるまいか。吉本の母親は熊本の天草出身であるという。「もうせんと」は、現在熊本の保育所で働く保育士に尋ねてみても、いまも母親と子ども、保育士と子どものあいだで頻繁に使われている言葉であるらしい。排泄の完全な自立の直前の子ども、すなわち、おしっこ、うんちを教えることはできるけれども、自分で着衣を整えたり、トイレの戸の開け閉めなどはまだ完全にはできないような年齢の子どもへのごく自然な呼びかけであるという。「もうすんだ? じゃあ、ちょっと手伝ってあげようね」という意味を含んだことばかけなのである。

ここからみえてくるのは、排泄を通じた母と子どものやりとりである。「軒遊び」は、一歳未満の頻繁な授乳の時期はややすぎて、排泄の見守りをポイントにおいているような時期であったのである。吉本の文章に排泄のことが出てくるのはおそらく偶然ではなく、軒遊びの時期の重要なファクターのひとつが、排泄であったのだ。排泄が完全に自立していれば、意識するしないは別として、母親は子どもを自信を持って外に送り出しているのだろうし、子どももまた、授乳と排泄を親に頼る時期をすぎて、学童期へと向い始めるのであろう。排泄に心をとめてもらいながら、母のそばでうつらうつらと過ごしている時期が、軒遊び、と定義される時期なのである。

一九九〇年代後半ごろから広がった「三歳児神話」、つまりは「幼い子どもと母親がずっと一緒にいなければならないということは単なる神話である」という考え方は、結果として幼い子どもが母親の気配を感じる場所で、うつらうつらとぼんやりなにをするともなくすごすような時間を失わせることになった。母がべったりといっしょにいてぼんやりと子どもと過ごしたりすることに意味はないし、むしろ母と子どもが密着しすぎて母親のストレスが増し、密室育児となって虐待の温床になる。だから子どもは早くから保育園にはいった方が子どもにも母にもよい。そのほうが、子どもは集団での遊びや保育園でのはたらきかけから、社会性がでてきてよいのだ、と理解されるようになった。保育園に入らないまでも、母親は子どもをつれて公園にいったり、子育て支援センターにいったりして、母子で孤立しない方がよい、といわれるようになっている。そしてそれは時期としては、子どもへの「排泄」の呼びかけが失われていくことと、ほとんど同調しておこってきたようにみうけられる。

「排泄」に応える

「排泄」への呼びかけが失われていく――わかりにくい表現であるかもしれないので具体的に書いてみよう。現在、私たちは赤ちゃんは排泄をコントロール出来ないため、おむつを使うのが当然であると考えている。また性能のよい紙おむつが安価で入手できるようになったことから、赤ちゃんの排泄の世話とは、「時折、汚れたとおぼしき頃に、赤ちゃんのお尻をきれいにして、紙おむつを交換すること」に等しい。ここで前提になっているのは「赤ちゃんは幼くて排泄を感知出来ないのでおむつをつけっぱなしにするしかない」ということである。赤ちゃんが泣くのは、おむつが汚れたからということである。

しかし、赤ちゃんを注意深く観察してみると、それらの前提は必ずしも正しくないことがわかる。赤ちゃんを育てたことがある人なら、かならず、赤ちゃんがむずかるからおむつが汚れているのかと思っておむつをあけてみると、おむつは汚れていなくて、あけたとたんに、しゃーっとおしっこをされた経験があるはずだ。赤ちゃんは実はおむつが汚れたからむずかっているのではなく、排泄したいからむずかるのである。わたしたちとおなじように赤ちゃんも膀胱が張った感じが不快だったり、おなかがごろごろしたりするのでむずかるのである。つまり赤ちゃんは「排泄」を感知して、周囲に呼びかけているのである。私たち自身が股にぴったりとくっついたおむつに排泄することに抵抗があるように、赤ちゃんだって抵抗がある。おむつに排泄するのではなく、開いた空間に向けて排泄することを求めているのである。

紙おむつが現在のように安価で手に入りやすくなる前、おむつはすべて布でできており、汚れたら洗わなければならなかったし干さなければならなかった。それはなかなか手間のかかることであったから、現在子どもを産んでいる母親の二世代ほど前までは（具体的には二〇一五年現在だいたい七十代以上の世代）、使っている布おむつをできるだけ汚さないように、赤ちゃんの排泄の欲求に応えようとする努力をしていた。実際には「努力」というほどのことではなく、赤ちゃんを観察して、気がついたときにはできるだけおむつをはずして排泄させていた。

そのような非言語的な呼びかけに応えていると、子どもが「軒遊び」をするようなころ、つまりは二歳か三歳くらいになれば、子どもに「もうせんと」という言葉で、排泄に応えることができるようになっていたのである。

おむつはずしとおむつなし育児

このようにできるだけ赤ちゃんの排泄欲求に気づき、「おむつの外で排泄させてあげる」ことを「おむつなし育児」と呼んでみた。

子どもを育てたことがある人ならだれでも、赤ちゃんや小さい子どもが、ちょっと動きが止まって、神妙な顔つきになり、うーん、ときばり始めるようすをみたことがあると思う。要するに、あ、うんちするんだな、という感じである。「おむつなし育児」というのは、こういうときに、「うんちなのだろう」、とぼうっとみていないで、さっとおむつをとってあげて幼い赤ちゃんなら、両腕でささえてあげたり、おすわりが出来るようになっている赤ちゃんなら、おまるにすわらせてあげたりして、「おむつの外」で排泄できるように手助けしてあげることである。

あるいは、赤ちゃんが眠りから覚めたときなどにも同じようにする。私たち大人もそうであるが、起きたらまず、トイレにいく。おしっこしにいくのである。赤ちゃんも同じであり、起きたら、わりと間髪を入れずにおしっこをする。だから、赤ちゃんが目が覚めたら、「ささげて」あげて、シーシー、とトイレかおまるか洗面所か縁側にむけておしっこさせてあげると、「おむつの外」で排泄できる。こういう「赤ちゃんをささげておしっこさせる」ことには「やり手水《ちょうず》」という言葉があったのだが、今や死語である。

「おむつなし育児」は、「おむつを全く使わない育児」と誤解されることがある。そういうネーミングだから仕方がないが、「おむつなし」というのは、おむつを全く使わないで、おしっこやうんちを垂れ流しにする、ということではない。「できるだけおむつの外でおしっこやうんちをさせてあげましょう」ということである。もちろん、おむつは必要ならば使ってもかまわない。ただ、まわりの大人が気づいたときは、できるだけおむつをはずし、私たちが排泄するのと同じように、開放された空間に向けて、おしっこ、うんちをさせてあげましょう、その気持ちよさを赤ちゃんにも経験させてあげましょう、ということである。二世代前の日本人ならだれでもやっていたし、現在も開発途上国を中心とした世界の三分の二の人口はこのようにして子どもの排泄につきあっている。

紙おむつ会社の調査によると、現在おむつはずしの平均月齢は三八カ月であるという。三八カ月といえば三歳半である。しっかり言葉をしゃべることができ、動きも活発になっている子どもにおむつをつけていることは、本来であれば、それは子どもにかわいそうではないかというのが親心であろう、と思うが、今はそうではないらしい。その調査を紹介した記事には「最近は無理してトイレ・トレーニング（排泄訓練）をせずに自然に任せる子育てが主流となっており、自然なおむつはずしをすると三八カ月になる」というようなことが書いてあった。

冗談ではないと思う。紙おむつを三歳半までつけていることを「自然」というのはあまりにも傲慢である。おむつは自然ではない。おむつは、大人の都合で、大人が文化的生活をしたいから、赤ちゃんにつけていただいているものである。真新しい畳や、きれいなお母さんの服や、お祝いにいただいたかわいらしい赤ちゃんの服を汚されたくないから、私たちが赤ちゃんにつけてもらっているものだ。赤ちゃんにとって「自然」とは何にもつけないことに決まっている。

そうやっておむつをつけっぱなしにして、そこでうんちやおしっこをすることに「慣れて」(正しくは「慣れさせられて」)いる幼い人たちは、おそらく、ある日とつぜん、お尻がすうすうするところで「今日からここでうんちしなさい」などと言われることは、とってもおそろしいことにちがいない。きのうまで、「おむつに排泄せよ」と言われていたのに、なぜ、とつぜん、違う習慣を私に強いるのか、と、とても混乱すると思う。

現在三歳くらいで行なわれているらしい「トイレ・トレーニング」と呼ばれるようになったおむつはずしが、親にも子にも大変なことになっているのは、親がいったんつけた習慣(おむつの中に排泄する)を、ある日とつぜん違う習慣(トイレで排泄する)に変えようとするからであろう。「なんでとつぜんちがうことというの?」と親への信頼さえもゆらぎかねない、大変な出来事になっているのではあるまいか。

小さな赤ちゃんの頃からおむつをつけていても、おむつで排泄することを習慣にせず、わかったときだけでもおむつの外でおしっこ、うんちをさせてもらっていた赤ちゃんには、この混乱がない。おむつで排泄してしまったことがあったとしても、彼らは、おしっこ、うんちはもともとおむつの外でするもの、その方が気持ちよいもの、として認識している。そうすれば、歩けるようになったときに、自分でおまるを取りにいったり、トイレの方に行ったりできるようになる。

ひと昔前の母親が「一歳の夏でおむつがとれる」と言っていたのはこういうことだったのである。「おむつなし育児」は画期的な新しい子育て方法ではなく、二世代ほど忘れられていた生活の知恵である。忘れていたのなら、思い出せるのではないか、と思い、二〇〇六年度トヨタ財団研究助成を得て「おむつなし育児研究」を立ち上げた(2)。

「おむつなし育児」の研究結果から

二〇〇七年の初年度には、高齢者への聞き取り、大正期からの女性雑誌の「おむつ」に関する記事の検索、インドネシアへのフィールドワークなどを行い、以下のような知見を得ている。

・昭和初期には、母親の智恵として、生後間もない時期からおまる等へ排泄させる習慣が勧められ、大人側の感知が重要視されていたが、昭和三十年代からは、医療・心理学の専門家が子どもの心身の発達を重視する論調に変化し、おむつはずし時期は遅くなっていった。

・二〇〇七年当時、七十～九十代の方の子育て時代には、「おむつが外れる前でも、頃合いをみて、庭や軒先などで抱きかかえて『シーシー』とやらせていた」という。「赤ちゃんをおんぶしている間は、漏らされて背中が濡れることは稀であった」、「おむつは自然に取れた」とも言われた。

・二〇〇七年当時、保育園に乳児期から在園する子どもでは、おむつが外れる時期は、二歳前後が多い。しかし、最近の傾向として「満三歳を過ぎて新しく入園してくる子の約半数がおむつ使用中」、「園児全体の排尿間隔が短くなっており、ちょろちょろ少しずつおしっこをして、一回にためてたくさんおしっこできなくなってきている」との観察も認められた。

・インドネシアでは、伝統的には新生児の股にふんどし型の一枚布をあてるのみである。生後二～六カ月にはこの布も外してパンツをはかせ、大人は子どもの排尿間隔をみてトイレに連れて行き排泄を促す。この子どもをトイレに連れて行き、排泄を促す、という行為は、日本の高齢者からのききとりと一致している。自分でトイレに行くようになるのは一～二歳であるという。

続いて、研究二年目の二〇〇八年にはNPO法人「自然育児友の会」を通じて募集した約四〇組の母子に、高齢者からの聞き取りや文献検索によって得られた知見をもとに、「おむつなし育児」をトライしてもらったところ、以下のような感想が聞かれた。

・多くの母親が「おむつなし」は可能であり、楽しいと感じた。
・赤ちゃんはおむつをしていない時の方が機嫌が良い。
・生後すぐから、トイレやおまる等で排泄できる。おしっこ・うんちを、ある程度待つことができる。おんぶされている間はほとんど漏らさない。
・注意を向けることで、赤ちゃんの出している排泄のサインやタイミングがわかる。
・現代日本の住環境でも「おむつなし」は可能であるが、工夫が必要。
・戦前までの主流おまるであった「ホーローおまる」は大変使いやすい。
・「おむつなし」でおむつを洗う枚数が減って家事が楽になる。
・「おむつなし」には、家族や周囲の理解とサポートが不可欠であるが、母親以外の家族も排泄に注意を向けることで赤ちゃんとの関わりが穏やかになって行く。
・赤ちゃんと排泄を通じたコミュニケーションが成り立つと、親は深い幸せを感じる。また

「赤ちゃんには二十四時間おむつが必要」ではないと気づくことをきっかけに、「本当に必要なこと」について、赤ちゃんをよく見て考えるようになる。このような変化が起こると、当初の「なるべくトイレやおまるで排泄させる」ということは徐々に重要でなくなっていき、最終的に「自分の子どもを理解する自信」「子どもに対して何をどの程度サポートしてあげれば良いかを見極める自信」など、育児に関してのゆるぎない自信がついてくる。

実際にやってみた母親から詳細な報告を聞くこともできた。以下は生後七カ月の子どもを持つ親の実践例である。

・生後二カ月目から補助便座を使ってトイレで排泄させてみた。初日から六回もトイレで排泄でき、おむつの洗濯枚数が半減したうえ、こどもの便秘も改善した。生後三カ月目に外出時に公衆トイレの使用を開始した。生後四カ月目、赤ちゃんが発熱して具合が悪かった時は、トイレでの排泄は中断し、まず体調回復に努めた。生後五カ月目、日中はパンツ、夜は布おむつにしている。日中、おんぶしながら家事をしていると、ほとんどもらさない。

・排泄の欲求に応えてあげるようになってから、子どもがだいたい機嫌が良くて育てやすい子になったと感じる。排泄タイムはスキンシップの時間だとも思う。以前はおむつが汚れたら赤ちゃんは泣く、と思っていたが、実際には、赤ちゃんはおしっこ・うんちをしたいから泣くのだとわかった。

・気温の変化で排尿間隔が変化して排泄のタイミングが狂うことがある。母親自身の体調が悪いと排泄のタイミングがつかみにくい。厚着する秋冬の「おむつなし」は、服装を工夫しないと、気がついているのに、脱がせるのに時間がかかってトイレやおまるに間に合わないこともあった。

・「おむつなし育児」は誰にでもできるし、習慣になってしまえばおむつを洗うより楽で経済的であると思う。「トイレでさせなければ！」とお母さんがいらいらとしているより、お母さんの心も体もゆるんで「ぽわーん」としているくらいの方が、その子の排泄のタイミングがなんとなくわかって、おしっこ・うんちが感知しやすいと感じる。

お互いにしっかりむきあいながらも、排泄を感知しようとがんばっているわけではなく、母親は母親のことを適当にやりながらぼんやりして、子どももまたぼんやりしているときには、結果として排泄のタイミングがわかりやすい。「軒遊び」の様相と改めてオーバーラップする排泄のありかたである。

子どもの成長

トヨタ財団の助成ではじめた「おむつなし育児」研究を、二〇一二年以降は科学研究費助成研究の一環として継続した。おむつなし育児で育った子どものその後の成長を追ったり、家庭のみでなく、施設でのおむつなし育児展開の可能性も探ってきた。言語化できないうちから排泄に応えてもらっていた子どもたちの成長の記録からは多くの示唆を得ることができると考えるので、いくつか母親や保育士の言葉を引用してみたい。

まず、母親の報告からみてみよう。目がしっかりしていて、「目力《めぢから》が強い」という言葉が頻繁に出てくる。しっかり自分の意見が主張できる、という。体も軸がしっかりしていてころびにくい、と観察されている。

――赤ちゃんのときに、目力がある、目がしっかりしている、ということを耳鼻科の先生に言われた。良く考えたら、我が強い。なんですかね、わりとしっかりしていて、精神的に安定していて、物事にあまり動じないように感じます。

——育てていて思ったのは、自立、というのでしょうか、性格もあるとは思いますが、すごく自分でいろいろと考えて、はっきりと意思表示してくるタイプだということです。言葉の発達もすごく早かった。二歳前から、一緒にパン屋さんに行くと、パンが食べたい、とスリングで抱っこされながら言うので、これはお土産で買っていくものだから食べられないよ、というと、じゃあ飲み物ならいい？　と切り返してくるので、まだ一歳なのに、そういうことを言えるのか、と驚いた。すごく考えて動く。あとは、体は丈夫。目力も強くて、目を見てると、そらしたくなるほど。目をみてるとすごい意思を感じる。はっきりとした意思。自分でこうだ、というのがすごくある。

——今二歳で主張が強くて、女の子で言葉もはやかったみたいで、今一歳児クラスに入っているが、その中でひとりすごい主張がつよくて、みんなの中にいると、すごいわがままな子に見える。悩んでいたが、おむつなし育児をした子は、それがふつうなようですね。

——自分の意思が相手に伝わる、お母さんに伝わる、ということがわかっているから、それは大きい。意思が伝わる、問うことに自信を持っているようで、だから自分のことをどんどん言ってくる気がする。年齢が上の子のクラスに行っても、上手に遊べる、自分と同じくらいの年の子だと、自分のことを言わないからわからない、もてあましちゃっているみたいで、ういちゃっていたけど。

——体もすごく芯が太いというか、ぶれないというんでしょうか。あ〜とかいって、こけたりしない、たたたた、ともちなおす、こけない。すごくそういう、特に意識はしていないが、体幹っていうか、体がぶれない感じはある。動いていて、安定している。本当に丈夫に育っていて、いまだに病院にいったことがあったっけ、なかったっけ、という感じ。そういう意味ではすごく育てやすいが、意思が強い、という点では、けっこうしんどくて、適当にごまかすと、あとがきつい。なんとかって言ってたじゃん、って言われたりするので、ごまかしがきかないというか。ただ、やっぱりたくましくは育ってくれているので、なんか変な話、自分が今死んでも、この子はまあなんか、強く生きていくんだろうなって、そういう意味ではもう満足したというか、育ておわったというのは本当に大げさだが、満足している。言い過ぎかもしれないけれど。でもすごく強くなったな、というのは感じています。おむつなし育児がくれたものが、たくさんあったなと思います。

——おむつなしをやると、運動能力が良くなる気がする。なぜかはわからないが、上の子と比べて思う。一歳くらいで父親の上にのって、サーフィンっていってふざけていて、倒れない。小さいときからバランスがいい。倒れないし、和式便所が平気だったり。上の子はサッカーをやっていて、運動神経がいいはずなのに、和式トイレは支えてないとできなかった、自転車の補助輪もはやくはずれた。

——今やっていて思うのは、この月齢でもなんかすごい意思を感じるというか、すごく訴えているのがわかる、喜怒哀楽がはっきりしているというか、すごく感じる、自分も彼女に意識がいっているから、今不快だったんだな、とか、すごい喜んでいるとか怒っているなとかっていうのがわかる。それがお互いはっきりでているような気がする。

人との交わりをおそれていない、楽しんでいるようだ、ということも報告されていたし、言葉が通じない頃から母親の言うことをよく理解しているようであることも言及されている。

——保育園の先生に、この子は、人が好きで人といつも交わりたい子ですね、って言われたのを思い出した。そういう性格なのかな、と思っていたが、やはりおむつなし育児をしていたことと関係があると思う。赤ちゃんの頃から、排泄に関して親にわかってもらえている、という安心感があるのだと思う。一生懸命親に伝えようとしても、親が気がつかなくて赤ちゃんの時から無視されていれば、人を信じられなくなると思う。受けとめてもらえたら、しっかり意思を伝えようと思いますよね。排泄にきもちをむけるのがポイントだと思う。

——親もちゃんと話そうとしよう、ちいさい子でも、大きくなってもずっと続くのが、子どもだけど、こうでこうでこうなんだからこうして、っていうと、本当にわかってくれる。しなきゃいけないことを理解出来る。本当にしーっていえば静かにしてくれる、前の日くらいからお願いしているとちゃんとしてくれたり、だからこちらもごまかそうとしない。ゼロ歳のときから、やってほしくないことはやらないで、って言えばやらなかった。とても楽だった。

国内には、いくつか「おむつなし育児」を先駆的に実践している保育園がある。ゼロ歳児クラスから、できるだけおむつの外で排泄出来るよう保育士たちが工夫している。結果として子どもたちは穏やかになり、早くおむつもとれ、手先も器用になり、保育士たちとのやりとりも的確になることが報告されている。

——おむつなし育児的な排泄ケアをしなかった子と比べて、今のおむつなし育児をしてきた子たちが違うことは、おまるでおしっこをするのが早い、教えるのもはやくなったし、着脱もはやくなった。結果として言葉を覚えるのも早い。つまり、おむつなし育児をはじめた今の一歳児はいろいろ早い、赤ちゃんのときから始めているから、なんか賢いな、と思います。手先もやっぱり器用です。言葉もませてきて、おしゃべりもすごいよね、頭がいいよね、おむつなし育児をやってきた子は、っていうような話も保育士同士でします。子どもも私たちも、お互いに自信がつく。

——まず、子どもが排泄物をいやがらなくなる。この前、助産師の実習生が来たんですよ。前の実習先では、おしっこがでると、恥ずかしいとか、いけないことをした、っていう雰囲気っていうか、子どももそういうふうに思ってたけど、ここは違うんですね、って言われたんですよ。そこで私たちも「そうなんだ！」っていう新たな発見だったんですけど。確かに、普通だったら、もうおしっこしちゃって恥ずかしい、とかっていう声かけをしてたと思うんですよ、今まで。だけど今はそういう声かけもしてないし、子どもたちも、別におしっこしても、別に恥ずかしくもないし、あ〜すっきりした、みたいな感じの表情をしている。それはこの子たちの今後にとても大きな影響を今後与えることではないかと思っています。

——おむつをつけっぱなしにしなくなって、手先が器用になったと思う。ゼロ歳児ではふつう、小さなシールを貼ったりする、ということはできません。でも、おむつなし育児をやってきた今一歳児の子はゼロ歳児のときからシールをはがしたり貼ったりすることができていた。おもちゃを扱っている手や、絵の具で遊んでいるときの手をみていると、シールもはれそう。やらせたらできるのかなって思って、ちょっとやらせたらできちゃう。ひとりできたから、じゃあみんなでやらせようかっていうと、けっこうみんなできちゃって。最初は大きなシールからやってたんですけど、ちっちゃいのでもいけそうだねとなって、やったらできちゃった。

——よくゼロ歳児のうちは友達と遊べない、って保育の本に書いてあるんですけど、全然ちがう。友達同士で同じ空間で静かにおだやかに遊べるし、もちろんやりとりもできるし、人間関係ができている。その基盤に、最初の私たちとの、排泄のコミュニケーションがある、とはっきりわかります。そうやって要求をわかってもらって、それに応えてもらって、っていうところからはじまるのかなって思う。それが結果としてお友達とも交われるし、他の大人ともまじわれる、っていうのにつながっていくんだろうな、という感じです。

「汚れたらおむつを替える」ことをやっている限り、赤ちゃんの排泄の世話は「たいへん」なだけのことのように思える。うんちのべったりついたおむつを処理したり、洗ったり、赤ちゃんのお尻をていねいにふいたりするのは、赤ちゃんがかわいいからできることなのであるが、あまり愉快なことではあり得ない。しかし、言葉を話すことがまだ自在にはできない赤ちゃんや幼児の非言語的なメッセージを不十分ながらも受け取り始めると、つまり言葉にならない排泄への欲求に応えていると、子どもには「軒遊び」のようなぼんやりとしたおだやかな時間が戻り、世話をしている側には子どもとの時間が面倒なものではなく「子どもがかわいい」と思えてくる。

「母性」はこのようなやりとりから、母親にのみならず、父親、家族、子どもと関わる保育士にも立ち上がってくるもののように見える。「軒遊び」の時期と、「排泄に応えること」。これらに関する観察と洞察は今後さらに深めていくに値すると考えている。

第10章　家庭内業績主義

「女性保護」の解体

多くの家庭で機嫌良く穏やかにくらすことがうまくいっていないような気がする。「家事」と「育児」は女性の負担になっており、いかにそれを家族で応分に分担するか、ということが長く課題である。政策的課題でもあるが、おそらく多くの人にとって、これは日々生きられている現実であろう。しかし家事や育児はそもそもうまく「分担」できない。分担できないが故に、「自分は相手よりたくさんやっているから損をしている」と思うと、日々の生活は、常に腹立たしい。「新たな平和（パックス・エコノミカ）は、男性と女性との新たな戦争を促進する」

と言った一九七〇年代末のイリイチの言葉は、もちろん具体的にこのような家庭内の軋轢を直接さしていたわけではないのだが、今は妙に実感がこもって感じられる。「家事」と「育児」の分担は、女性がより平等に賃労働に参加するための条件である。そのための制度もだんだんと整ってきているが、「子どもを産む」ことはいつまでも悩ましく、働きながら子どもを育て、家庭生活を営むことは楽ではない。楽ではないから機嫌よくはしていられない。まさにそのような上の世代の姿を見ていれば、若い世代は、「働きながら子どもを産むことは楽しそうだ」などと憧れをもって思うはずもあるまい。

たとえば、働く女性の出産をとりあげてみよう。働く女性の妊娠と出産に関しては、保護政策もでき、少子化対策にも保護が盛り込まれて、女性も働きながら妊娠出産や子育てがしやすくなった、と言われているが、現実はなかなか厳しい。日本を代表する人材派遣企業で一〇年働いた後に、学究生活を始めた吉朝加奈の「日本の働く女性の妊娠と出産」という論文を紹介しよう。(1)

この論文は、「雇均法世代」、つまり男女雇用機会均等法が浸透して職場の環境がよくなったと言われる時期以降、働く女性の妊娠出産が、実は以前より難しい状況になっている実態を見聞きした著者が感じた強い問題意識がベースになっている。男女雇用機会均等法が施行され公式には男女の差別がないところに就職した総合職の女性達に焦点を当て、その女性達がどんなふうに妊娠や出産を経験したかということを聞き取りに基づいて調査している。もちろん派遣や非正規雇用で働く人にはさらに問題があるが、まず、もっとも労働条件が「まもられているはず」の人たちについて調査したという。

日本における働く女性の〝保護〟規定の変遷についてみてみよう[2]。一九九九年までは、電話交換手や看護婦（当時）、バーなどの風俗業などの特別な職業を除いて、一般労働に従事している女性には残業の制限があり、夜一〇時以降は一切働いてはいけないことになっていた。九九年に男女雇用機会均等法と労働基準法の改正が行われ、夜の一〇時以降も働けるようになる。コンビニや二四時間営業の店の女性店員の姿が深夜にもみられるようになって、まだ一五年ほどしかたっていない。当時大手企業の総合職だった吉朝は、九九年三月三十一日までは九時半を過ぎると総務の人がまわってきて、「もう帰れ」と言っていたのに、四月一日になったとたん、会議が夜九時に設定されることが平気で始まったと語る。それから女性たちは深夜残業もするようになり、妊娠しても産休はギリギリまで取らないで働くようになったことを、吉朝は記憶している。結果として、同僚たちの妊娠や出産に関するトラブルは多くなる。それを聞くにつけ、望んだはずの平等な働きかたではあるが、何かおかしいと思うようになったという。

「労働の場における女性の保護」という概念は、もともと女性が家事労働、家内労働に従事していた時代にはもちろん制度としては存在せず、「女工哀史」の時代、すなわち女性の賃金労働が始まった時代から、話題になり始めた。戦後、一九四七年にできた労働基準法には、女性に対する保護が盛り込まれており、具体的には三つの分野があった。まず、一つ目は文字どおりの「女性保護」、将来子どもを産むかもしれない体であるため、男性よりも不利なところがあるから女性であるというだけで保護されるべきである、というもので、生理休暇などがこれにあたる。二つ目は「家族保護」であり、一九四七年の段階では、家族の面倒をみたり子どもを育てたりという役割は女性が負うものであると考えられていたから、それができるように保護しなければならない、という形の保護といえる。三つ目の分野が「母性保護」であり、妊娠出産に関わる保護で、妊娠、出産、および出産後に女性を保護しなければならないというもので、産前産後休暇などがこれにあたる。四七年の労働基準法（以下、労基法）の「女性の保護」にはこのような三本の柱があったのである。

その後、一九七〇年代から、男女平等と女性保護の問題が議論されるようになる。男女の平等を議論し、男女の雇用機会を平等にするためには、女性特有の保護はできるだけ外さなければならないため、上記の「女性保護の三本柱」はバラバラにされていく。まず、九一年に育児休業法ができて、従来の女性保護のひとつである「家族保護」が女性保護からはずれていく。高齢者や子どもの保護は女性だけの責務ではなく、男性も一緒にやるべきで、女性だけがやらなければならないわけではないから、女性だけを保護すべきではあるまい、ということで女性保護の三本柱からはずれたのである。文字どおり「男性も子育て、介護をやるように」、といわれるようになったことには法律上の変化の裏付けがある。

次いで、九七年の改正均等法・労基法、いわゆる「雇均法」によって、もう一つの女性保護であった文字どおりの一般の「女性保護」も男女平等にするためには必要がない、ということで、なくなる。冒頭にあげた九九年の時間外労働、均一労働制限と深夜業の禁止規定撤廃は、この「女性保護」がなくなった結果といえる。いくら平等とはいっても、子どもを産むことは女性にしかできないから、三本柱のうち、子どもを産むところだけは「母性保護」として残ったが、その他においては男女は平等であるべきということで、時代の流れとともになくなっていったのである。

現在の女性達の働き方は、この九九年以降の、男女平等に働く、ただ女であるということだけで保護はしない、ということを基礎としてできた制度に基づいているといえる。家事や育児に関しては男女両方の責任という時代になってから、もうすでに二〇年におよぶ時間がたっているので、その現実を反映して女性たちの意識や行動が作られてきているのであろう。

「妊娠出産より賃金労働が大切」か？

では、唯一残された「母性保護」の制度は、現在よく機能しているのか。吉朝は十人をこえる妊娠出産を経験した総合職の女性に聞き取りをしているが、どうも女性達が、母性保護規定で保護されたとは言えないような状況にあり、これでは機能していないとしか言いようがない、と結論づけている。

男女共通の基盤である労基法に守られているはずの労働自体が、日本は西欧諸国と比べて極端に長時間に及ぶ。日本の労働環境自体に問題を抱えている現状では、母性保護に関しても規定自体、もっと強化されることが必要なのではないかという点が前提としてあるが、もう一つ、非常に重要な点がこの論文では指摘されている。この「母性保護の規定」が申請ベースだということである。つまり、妊娠したことを届け出れば早く帰れたり、辛いと言えば残業が免除されたり早退できたり、いろいろな保護を受けられるが、全て「女性が自分で勤務先に申請」しないと受けられない。部下が妊娠したとわかったら、上司の責任として保護規定を適用しなければならない、というわけではない。実際の運用に至るには、まず女性が母性保護規定や社内制度を知っている必要があるが、現在は知らない人も多いという。妊娠中の健診時に、よほど状態がひどければ仕事を調整するよう産婦人科で言われたりすることがあるが、それも医者が「申請ベース」だということがわかって指導しないと、結局女性が申請するところまで至らなかったりしている。大企業の総合職の女性達が、インタビューの中で「そんなのがあると知っていたら取ったのに」と何人も言っている。つまり保護規定はあっても女性から申し出なければ取ることはできず、また、あること自体が周知されていないのが現状であるという。

インタビューの結果はここでおわらない。保護規定があっても周知されておらず、知られていても申請しないと保護が受けられない、さらに、女性達自身が、妊娠期に保護を受けることを知っていても「あえてとらない」という。たとえ、運用規定は知っていても、妊娠出産というのは「私的」なことなので、それで迷惑をかけるのは申し訳ないと言って働き続ける、自分からとることを良しとしない。総合職で入った人達は「他の人の手前、私は正社員なんだから甘えてちゃいけない」とか、「やり始めた仕事は私が最後までやらなくては」という強い責任感で、自分から休みを取ろうとはしないのだ、という。

女性達が妊娠出産でトラブルを抱えてしまう大きな要因のひとつに、自分の妊娠出産よりも賃金労働が大切だと自ら遠慮してしまうところがあるのではないか。職業としての仕事については、引き受け過ぎるほどしっかり引き受けているのに、自分の体、生活、衣食住を支えることから、子どもを産み育てるということを、外での仕事のように引き受けられない。

妊娠期をどう過ごしたらいいか、とか、子どもを産むのがどんなに大変なことか、ということがよくわかっていない、という問題もあろう。お金がないと生活できない、ということもあるだろう。同時に一方では、皆に迷惑をかけ、自分の責任が全うできず、自分の評価が下がってしまうことを自分で認めることができない……そういう意味では、究極の業績主義とも言える。賃金労働だけがこんなにコミットメントを持たれるようになる一方、生活や〝再生産〟(reproduction)が軽んじられる。賃金労働だけが、引き受けられている。これが女性の働き方において一番「恵まれている」といわれている総合職の現在である、という指摘は厳しいものだ。「公的領域」では全力を挙げてがんばり、「私的領域」、つまり家事、育児、家族としての生活はあとまわしにされる。このようにして働くのなら、家族や子どもをもつより一人で生きる方が楽だ、と考える人が増えるのは自然な成り行きであろう。

「公的領域」と「私的領域」を分けた近代社会

そもそも「公的領域」とは、政治経済を中心にした公の経済や政治のシステム、いわゆる社会的なことで、「私的領域」とは、家族生活、私達が生活していく日々に関わることであり、この公的領域と私的領域を明確に分けたのが近代社会、と言われる。身分や階級、性別や人種といった属性によって人を差別しないことが近代社会の前提であり、個人の属性にかわって、業績主義と普遍主義が採用される。業績主義は、個人の能力、仕事、功績でその人を評価し、適用を決めることであり、普遍主義は、誰に対しても同じ法制度や経済の制度を適用する、つまり、全ての人に普遍的に制度を適用することである。人は人種や生まれや身分によって差別されず、その能力で判断される。近代の公的領域の基本である、業績主義と普遍主義とは、私的領域には立ち入らないというのが、近代社会のベースだった。私的領域は、公的領域の業績主義、普遍主義とは対立的でもありうるような、たとえば、愛情の協調や無限関与の協調、つまり母親は無限の愛情をもって家族を育てよとか、父親は責任をもって家長たるべしとか、長くそういうことが規範になっていたのである。

江原由美子はフェミニズムの理論の流れを、公的領域と私的領域のそれぞれの制度が女性の抑圧とどう関わっていたかということで分類している[3]。公的領域における女性の不平等や差別を、女性抑圧の原因と考える立場もあり、私的領域における男女関係のありようにこそ、女性を抑圧するものがある、という考えもある。そもそも近代社会システムは公的領域と私的領域をきりはなして、それぞれが別々の価値規範のもとに構成されていることにより成り立っている。とはいえ私的領域じたいが自由な意志で変えられるものにはなっておらず、公的領域の権力作用によって統制されている、という「近代社会システムの二重性」の認識こそがフェミニズム社会理論の最も大きな成果である、と江原はのべる。今の働く女性たちがこのような理論を熟知しているわけではないが、いつもこれらの理論を背景とした言葉遣いが現在の生活に影響していることはよくわかるだろう。

フェミニズムの流れは、時代ごとに第一波、第二波、第三波と分けられているが、たとえば第一波は、女性参政権獲得の時代での差別解消をめざした。いわゆる賃金労働が重要視されはじめたのはこのころで、同時に、「子育ての社会化」という言葉遣いもこのあたりに端を発している。第二波は一九七〇年ぐらいからおきる。それまでは公的領域において男女平等が確立すれば、それが女性解放の道筋だと理解されていたのを、私的領域こそが性差別の原因だと指摘し、初めて私的領域に焦点を当てた「ラディカル・フェミニズム」があらわれる。公的領域の社会システムが変わっても、生活の上での性差別（私的領域）が改善されるわけではない、という指摘は鋭いものであった。公的領域において男女平等を確立しても、近代社会そのものに女性を抑圧する原因があり、その原因が私的領域にある、というのである。家事労働がなぜ無償かという批判が出たのもこの時代であり、日本では八〇年代に、女性が家事労働という、給料に換算すると何十万円と言われる膨大な仕事を、ひたすら無償でやり続けているのが問題だ、と指摘されていた。第三波はポストモダンフェミニズムの流れ、といわれているが、現在まで多くの影響を与えてきた言説の多くは第二波フェミニズムまでに出てきたもののように見える。

現在私たちがよく耳にする「言葉遣い」は、「賃金労働至上主義」にしても、「家族は抑圧の温床」や、「家事労働は女が損をしている」というとらえ方にしても、「男は平等に家事をやるべき」ということも、さまざまなフェミニズムの流れのなか、それぞれの理論に組み込まれていて、その影響のもとによくも悪くも現在の私たちがいる。私的領域においてどのように暮らしていけばよいのか、まだ明確なこたえには遠い。フェミニズムの理論では私的領域は公的領域とは全く別の規範で編成されていて、それは権力作用だったから、個人の自由意志では変えられない、と議論されてきた。私的領域の規範を崩すことが目的だったが、では、崩した後に、私的領域をどのように生きていけば良いのか、新しい規範はないままだと思える。いや、規範など私的領域には必要がない、規範のない風通しの良い状態を求めたのだろう。とはいえ私たちは私的領域を生き続けなければならない。規範なしに生きられるほど私たちは強くもない。

どうやって女性を生きていったらいいのか

よくわからないから、私的領域をも、公的領域の規範でやろうとしてきたのが今なのだろう。私的な生活も業績主義でいきましょう、あるいは、普遍主義でいきましょう、と公的領域で求めてきたことを私的領域でも求めてしまう。生活の中でも、業績を上げることが重視されたり（つまり、どちらがたくさん家事をやるか）、まるで子どもも大人も皆平等である、と言わんばかりに、家の中で子どもも〝平等〟に扱われ過ぎて、高校生になると、「あなたはもう大きくなったんだから、ご飯は自分でつくりなさい」と言われたり、親がご飯を作ってくれないといったことがあったりする、と高校の養護教諭が言っている。一方、そうした公的領域の規範を持ち込まないとすると、全く規範がない。規範を持たずに生きるのはけっこう難しいことで、結果として生活の上でどんどんだらしなくなる。宙ぶらりんな段階で、女性達が、私的領域をどういう行動規範で生きていったらいいのか、簡単に言うと、女性はどうやって仕事をしながら、どうやって女性を生きていったらいいのか、ということがよくわからない。生活を支える思想がない。わからないままに、四十歳、五十歳になってしまっているのである。

現実の私達の生活では、掃除すること、食べること、洗濯すること、一人で生きていけない人の世話をすること、そうしたことを一人一人が積み重ねながら日々生きていくしかないのだ。それを「家事労働は女性を抑圧するもので、これが無償だから女性は抑圧されたままである」と言っていると、家事労働はできるだけしないほうがいいものということになってしまう。家事労働をできるだけしないことによって、性差別に対して異議申し立てをしていることになるので、しないことを肯定してしまいかねない。「私の今の家族生活に、あるいは私の今の夫との生活に、あるいは私の今の親との生活に、あるいは私の子どもとの生活に、何らかの問題があるのは男権主義的な考え方のせいで、私のせいではない、私の状況が良くないのは男に抑圧されているせいである」と考えると、何もかも腹立たしい。家が汚くても、料理しなくても、これは私の主義主張なのであると言えてしまう。

私たちは恐ろしいことをしているのではないのか。「私の不幸せは私のせいではなくて、誰かのせいである」と。実際にはそうやって私的領域の規範を持たずに生きているのが私たちの現在なのではないのか。人の行動のすべての規範が業績主義になると、公的な領域での社会的評価だけが一人一人の行動の基準となる。おいしいものを作っても、自分の地位が上がるわけでも、自分の業績が増えるわけでもない。そうすると、家族の中でどう思われるかということは、あまり重要ではなくなる。公的領域の中での、いわゆる社会的評価だけを意識するようになってしまう、今は半ばそういう状況なのだと思う。

家事労働は「いやなこと」か？

たとえ社会や男に抑圧されていたとしても、私的な領域ではひとまずこなすほうがいいことがある。家はきれいにするほうがいい、ご飯は作るほうがいい、生まれた子どもは育てるほうがいい、老いた人はちゃんと面倒を見てあげたほうがいい、死ぬ人は看取ってあげたほうがいい。それらを公的サービスに頼ることもできるが、サービスに頼るにしても、だれかがそのサービスの采配をどこまでできるか、によって、それぞれの人の私的な部分での居心地のよさはきまる。具体的には、介護はその主たる介護者の判断によって、介護される人の快不快がきまる。

私的領域のことをこなすことは苦痛だからこそ、女性だけに押しつけられてきた、だからそれを排して、最終的には、男性にもやらせよう、ということに行き着いているわけだけれども、もともといやなことだから、他の人にも担わせよう、という戦略でよかったのだろうか。だいたい、私的領域のいろいろをこなすことは本当にそんなに苦痛なのか。「私的領域は権力作用に統制されていて自由に変えられない」と言われてきたが、権力のありようと関係なく、私的領域をつくりあげていく可能性は、あるのではないのか。今はむしろ男性にも女性にも共通する難しいことのほうが多いので、男性を批判したら済むというだけではなく、生き方の基準のようなものをつくりあげていくしかない。自分を抑圧しているものがあってそれに対して反対するのではなくて、そういうものがない時に自分はどうやって生きていくべきなのかという私的領域の規範を持つことは、容易ではないのだ。

私的領域のことをどう私達がこなしていくか、どんなふうに向き合ったり、頭の中で整理をつけたりするかを考えるということが求められている。それは、女性の生き方の私的領域での行動の何らかの規範を、今、自分達で作り上げるということである。ここに何らかの規矩ができることによって、もっと公的領域と私的領域の関係を明確にすることができるのではないか、ということに期待するしかない。

それでは、私的領域の行動の規矩を作るための足がかりは、どこにあるのか。私的領域というのは、毎日私達が生活している、そこで日々起こっていることが対象なので、かつて切り捨てられてきたものや、目に見えなくなったものを、一つずつもう一回積み上げていくことで、結果として何か形ができはしないか、後で理論付けしたり、何らかの体系が作れたりするのではないか。ひょっとしたら、何らかの生活上の知恵があって、それを取り戻すことによって、私達は私的領域でのいろいろなことを引き受けられるようになるのではないか……。かすかな期待を抱く。この本で取り上げてきたのは、そういう女性の体や妊娠出産、子育てに関わる部分である。

女性が自分の体や妊娠出産を引き受けていくということ、自分の一番ベースになるはずの、自分の体や生活、子どもを育てたりというところで、女性が「これはけっこう楽しいのではないか」、「ムダなことだと言われていたけど、やってみたらこっちのほうが気分がいい」、「別に会社での業績にはならなくてもいいからやっていきたい」と感じていくことを帰納的に積み重ねていけば、決して簡単ではないと思うが、何らかの方向性が見えるのではないか。イリイチの言葉でいえば、「ヴァナキュラーな働き方、暮らし方をいささかでもとりもどす」ということにつながりはしないか、と思う。

女性の人生のいろいろなフェーズには、月経、妊娠出産、育児、パートナーを探すこと、家事をすること等、落ち着いた暮らし方を取り戻すためのきっかけがビルトインされている。どこかにきっかけを見つけて、自分の私的領域における規範のようなものを作れるといい。子どもを産んだり、育てたりというのは、一番いい機会だと考えるが、子どもを産んだり育てたりできる年齢や状況にある人にしかできない。家事を自分のこととして引き受ける、家のことを手間暇かけてすることは、別に子どもがいてもいなくても、考えることができる。まずは何かを引き受けてみてはどうかと思う。

しかし、話は最初に戻るが、現実には、家事を誰も自分のこととして引き受けようとしない。家族で家事を分担していると、自分が家に帰ってきた時にちゃんとできていないと、それだけで腹が立つ。ここを片づけておいてと言ったのに、なんで最後までできないのとか、料理をするのはいいけれど、なんで鍋がこんなに汚れてるのとか、これは自分のことじゃない、皆がやるべきことなんだ、という意識で見ていくと、家事労働のすべては腹立たしい。なんでこんなことしかできないんだ、私は忙しいのに、私だけが働いているんじゃないのというふうに、家族に対して非常に腹が立つ。家事は女性の仕事だと押しつけないで近代的に皆で分担しましょう、とやっていると、必ずやり残しが出てくるし、気に入らないことが出てくる。それを誰かが気持ちよく引き受けているかどうかということで全然違う。実は、腹を立てて後片付けをしていた時も、自分の仕事だと思ってやっていた時も、労働量は同じであるが、気分的には違う。誰の仕事でもないものは自分が引き受ける。これは家事だけではなく、どんなことでも同じなのかもしれない。公的なことでも私的なことでも、仕事でも学校でも、必ず誰の仕事でもない仕事が出てきた時に、それを喜んでやる人がいるかどうかで、その組織がうまくいっているかどうかが決まるのだと思う。

人生の楽しみや喜びはどこにあるか

再度同じ話になるが、それが公的な仕事であれば、引き受けられる人も多い。ところが家事労働となると、誰の仕事でもない仕事を引き受けることは、気分が悪い。確かに時間と手間がかかる大変なことだし、全然やらない人をそのまま見過ごしたりすると、相手を甘やかしたりすることになるので手を出さない方がよいし……。家事労働はかくも嫌われ、誰も担わなくなった。今後、欧米のように日本の働く女性の家でも、フィリピンやインドネシアからのメイドさんが働くようなアウトソーシングが進むにしても、家事労働の指示は誰かが出さねばならない。

その指示をだれがやるのか、で、また機嫌の悪い議論が家庭内でつづきはしないか。掃除、洗濯、食事を作ること、全ての家事、子育て、介護は、それほどいやなことだったのだろうか。そこにこそ人生の楽しみや喜びがあったのではなかったのか。炊事も負担と言えば負担なのだが、外食や外で買ってきたものの多くは、無名の人が無名の人のために作った食事で、そういう食事ばかりだとなんとなく調子が悪くなるのは気のせいか。もちろん自分が自分のために作ってもよいのだが、誰かが自分のために作ったものを食べていないとやっぱり体調が悪くなるような気がするのも錯覚か。食を整えるということを敵視しないほうが良かったのではないのか。素材から手間暇かけて食事を作ったり、そのための時間を確保するということは、負担というよりは、自分にとって楽しいことではなかったのだろうか。

家事労働も、子どもを育てることも、世話が必要な人の介護をすることも、私的領域に関わるもの全てについて同じことが言えるが、自分が社会的な評価を得ることに比べてこれらはすべて、自分にとってなければないほうがよいマイナスの方向のものだ、という意識をどうやって変えていったらよいのだろう。自分がいやなことだと感じ、不利益を得ていると思っているものを、人に担ってほしいと言っても担ってはもらえまい。ひとまず自分たちが引き受け、これを引き受けることは苦役ではなく何らかの喜びを生むものであるということから、なんとかとりもどしたいものがあるのだが、「女性にちがったことを私的領域でおしつける」と言われるだけだろうか。祖母の暮らしは封建的であったとか、女性蔑視の時代に抑圧されていたとか、そういう時代の女性たちのありようを理想というのか、それは、反動的だとか、言われるのかもしれない。

いつからか、ニューヨークをハイヒールをはいてブリーフケースを抱えて闊歩することに憧れるような女のあり方を、夫をあしざまに扱い、家事、育児を手伝ってくれないからと機嫌を悪くする女を、うなだれるしかない幼い子どもにひどい言葉を投げつける女を、わたしは自らを恥じ入りながら、見るようになった。なにごとにもだらしないわたしは、ついそういったことをやりそうになるからだ。そのようになりそうな自分をなんとかひきとめたい。運命を受け入れ、夜明け前から起き、家族のために祈り、ただ立ち働いて、子どもを産んでは育てて、死んだ子は弔って、誰にも知られずに死んでいった、祖母のような、数えきれない日本の女たちを鑑として、そんなふうにはなれないまでも、心に抱いて生きていきたいと願うようになった。欲しいものを手に入れたからそんなことを言えるのだ、手に入れられない女たちの不遇さと苦しみも知らないくせに、と、面と向かって言う人があったことにひるんだ時期もあったのだが、そのようにしか言えない人の心の闇も見えるいま、皆、苦しいのだ、としか思えない。

〝家事〟は、まず、家の女に引き受けられるのがよかろう。誰の仕事でもない仕事は、この目の前にあらわれた問題は、それはわたしが解決しようとひっそりと心をきめる、家の女が家庭という人間の最小単位を穏やかなものとする。それを誰も評価しないとしても。それを誰も誉むべきこととしなくても。それを了解した上で、「家の女」がいないのならば、「男」が肩代わりするしかないが、それはあくまで「女の文化の肩代わり」であろう。人間はそのように引き受ける人がいたからこそ続いてきたし、これからも続くと信じたい。

祈りと家事の日常——あとがきにかえて

最終章の「家庭内業績主義」でも書いたが、「家事」が敵視されるようになって久しい。家事、とは具体的に言えば食事を作ること、掃除をすること、洗濯をすること、ゴミを出すこと、買い物をすること、洗濯物をたたむこと、家を整理整頓すること。それに、幼い子どもがいれば、幼い子どもの世話、思春期の子どもがいれば弁当作りなど、病んだ人がいれば看病、老いて心身が不自由な人がいれば介護……、生きていく上で欠かすことのできない営み、第一章でふれた「生の原基」そのものである。誰かが担わなければ日々がまわっていかない。

いま、男も女も「忙しい」という。「忙しい」し、「大変」である。だから、「家事」は敵視されるようになったのだが、一体何に忙しいのだったか。金を儲けるための仕事、自己実現のための仕事、かけがえのない自分を表現するための仕事、他人から認めてもらうための仕事……そのようなことに忙しくて、誰の評価も伴わない「家事」は敵視されるしかないのだ。

二〇一五年現在、五十代のわたしの祖母の時代、たしかに彼女は忙しそうだった。山口県の山間の村に生まれ、七人の子どもを育て、六人が生き延びた。当時の女性とすれば、子どもの数も取り立てて多かった、とはいえない。ごく普通の数であったのだろう。親戚が集まれば、いつも祖母がどんなに働き者であったか、という話になったものだ。実際わたしの脳裏にある祖母の姿もいつも立ち働いている人であったが、それはおそらく祖母だけではなくて、当時の女性たちはみな、そうやって休む間もなく働きつづけていたのである。

暗いうちから起きて、かまどの火をおこし、ご飯を炊き、大人数の家族のために食を整える。野菜は畑でつくり、季節のものを採りにいく。ゼンマイの季節になれば採りにいって、干して保存食にし、お茶っ葉はとれないところだったから、ケツメイシの実をお茶にするために、夜中まででさやから豆をとる作業を続けていた。衣服は自分でつくるものであり、家族全員のきものを縫い、季節ごとにほどいて、絹ものと木綿のものは別々のやり方で洗い張りをして、また縫い直す。古くなったきものは座布団にしたり、布団表《おもて》にしたり、最後は雑巾になるまで使っていた。歩いていくしかないのに、娘に子どもが産まれた、といえば、山をいくつも越えて手伝いにいく。電化用品は何もなく、すべて自分の手作業。膨大な量の作業だったと思うのだが、それでも家はいつもきれいに掃き清められていて、さっぱりとしていた。

そのころから約五〇年以上経って、家事をめぐる状況は様変わりしている。全てを手仕事で片付けていた祖母の時代と比べれば、わたしたちの日々の暮らしは格段に「楽」になっているはずだ。

苦労して早起きして火をおこさなくても、スイッチひとつで火がつくようになり、ごはんは寝る前にタイマーをセットしておけば朝になったら炊きあがっている。掃除は、ほうきとはたきと雑巾、でするものではなく、掃除機とモップ、あるいは掃除機ですら〝重労働〟だから、自分で勝手に動く自動掃除機ルンバと自動拭き掃除機ブラーバ、とか、そういうもので片付けられるようになった。衣料はつくるものではなく、買うものになって久しい。二〇一五年現在、八十代前後くらいの方は、もう、きものを日常的に着用する方々ではなくなっていたが、和裁の延長として、洋裁を盛んにしていた世代であり、家族の衣服はミシンを使って母親がつくっていた。冬のセーターは母が編んだものである。

ともに一九二七年生まれである作家の石牟礼道子さんと森崎和江さん双方に、別々の機会に、男性用の背広も自分で縫った、ときいたことがある。背広が縫えるほどだから、もちろんほかの衣服は楽々とつくり、女の手仕事はよきことだ、と思っておられることには疑いもない。この世代の女たちは、何でも作れたのである。いまどき、よほど裁縫が好きな方でない限り、家族の衣服を縫う、などということはしないし、まさかごくふつうの女たちが背広が縫える時代がつい先日まであったとは少し信じられない思いがある。しかもこの「女たち」は、ただの女ではなく、日本を文字どおり代表する作家、石牟礼道子であり、高度成長に向かう日本に生きる女たちの記録を残した森崎和江である。彼女たちにとって自分の仕事以前に、家事は当たり前のことでありすぎて、わざわざとりたててあれこれいうものであったはずもない。

「洗濯」については、『森崎和江コレクション』(藤原書店)の「川でふろして」[1]という文章にある、「洗濯帰り」のことが忘れられない。わたしたちは洗濯機の恩恵にあずかって、手で洗濯物を洗うことはほとんど「忘れて」しまっている。森崎の書く、一昔前の東日本では、「洗濯帰り」という習慣があり、嫁が婚家の汚れ物をもって、自分の里に帰る。仕事着をはじめ、身につける多くのものは現在のように毎日洗うのではなく、ためておいて、洗濯帰りのときに持ち帰ったのだという。もちろん、もみ洗いできるくらいの小さなものは、普段の仕事の終わったあとに洗われていただろうから、洗濯帰りで洗うのは、なかなか洗うのが難しいような「ごつい」仕事着などであったと思われる。一見、たいへんなことだっただろうなあ、と思われるが、年に数回、嫁が故郷の川にでかけていって、幼友達と総出で足踏み洗う、楽しい、という思いをもって思い出される習慣であったといい、「洗濯を知るものの解放感」につながるものだったというのだ。からだを洗うこと、髪を洗うこと、そのようにしてこころとからだをまもることの延長線上に、洗濯、という行為があり、それは家族全員の安寧を担保するための行為である、という。

家事そのものが祈りに直結していたことを思わせるが、実際の祈りもまた、一九七〇年代に書かれ、同じ本に収録された「髪を洗う日」[2]に記されている。日本人の夫と結婚し、福岡に長く住むミョンナムオモニは、主人の病気をなおしてもらうため、三年間、毎朝、家の裏にある山のお薬師さんに参っていたというのである。田の道を飛ぶように歩き、山麓にたどりついて、川を渡って、山を登って降りて、飛ぶように下って家に帰って、どんなに急いでも二時間はかかろうという、お薬師さんに。彼女の山や田を行く、その速さ。わたし自身の祖母の身軽な動きが思い起こされる。ピクニックやハイキング、といってもそんなに速くは山を行けない、現代のわたしたちであるのに。彼女たちの動きの素速さはいったい、わたしたちのからだのどこに残っているというのか。

冬はまだ暗い五時ごろ、食事もしないいまま、笹がかさかさとなる細いおそろしい山道を、こわさで髪を逆立てながら、一人走って登る。途中、川が流れている。神様に参るのだから、体を清めなければならない、と、川でふろして行った、つまりは川で水浴びしていった、というのだ。雪が降るような冬でさえも、自分のからだが死ぬか、主人がなおるか、体を清めて、祈る。道はおそろしくても、まもられているのだから、絶対大丈夫なのだ、と言い聞かせながら毎朝、毎朝、行った、というのだ。

日本人のお年寄りにもたくさん会ったが、このオモニのことばの間《ま》が最も美しかった、と森崎は書く。自分のためには祈らず、家族のためだけに祈る。いま、家に病む人を抱えて、その人に治ってもらいたいと思っても、朝五時から山の上のお薬師さんまで、走って登れるだろうか。わたしたちは祈りを失っただけでなく、祈りを支える身体的な力すら、すでにない。女は強くなった、といわれるが、祈る力もなければ、家族のために働く力も失っている。

女が担ってきたはずで、今は失ってしまった、こまごまとした「家事」と「祈り」の日常。ふと気づくのだが、沖縄の同世代の友人はここからまったく逃げていない。五十代の友人は、公的な組織の管理職であり、月曜から金曜まで実に忙しくはたらきつづけ、東京に出張にきたりもするのだが、彼女にとって家族への献身と祈りは、いまだ当然おこなわれるべき日常である。先祖の供養と節日を忘れないように「御願《ウガン》ハンドブック」なるものを家と職場に常に置いているのだという。彼女にとって祈りは生活の中心にあり、家族の世話も親戚門中の世話も、何より大切なものなので、そういうことをきちんとやるためにはお金も必要だからせっせと働いているという。彼女はわたしがこのような彼女の様子に驚くこと自体に、驚くのである。沖縄では彼女はちっとも特別なことをしているわけではなく、彼女の周囲の同世代の女たちは同じようにしているのだという。沖縄ではまだ生きているこのまっとうさこそ、わたしたちが戦後七〇年かけて忘れてきたことである。沖縄の外では失われ、沖縄では失われていないことについて、とりわけごくふつうの女たちの祈りの役割について、またあらためて、時間をかけてゆっくりと話を聞いていきたいと思っている。

この本は、女たちの祈りと家でのはたらきと、性と生殖を担う役割をどうすれば肯定的に取り戻せるか、ということを、女性のからだを通じて経験することから考え始められないか、という試みであった。月経、妊娠、出産、子どもを育てること。それら、女性がからだをもって経験する性と生殖に関することには、根源的な喜びが伴い、それらがあるからこそ、日常の「働き」と「祈り」を支えられるようになるのではないか、と考えた。しかしながら、女性の身体経験として、実はもっとも中核に位置する性的な経験、男女の関わりについて本書では何も書けていない。男と女の問題。その深奥にこそ、本当の「女が女になること」の本質があるのだろうことは疑いがない。しかし、まだ、そこに踏み込めなかった。

ヘテロセクシャルなことだけを議論することでホモセクシュアルや多様な性を抑圧する、セクシャルなことは男と女には限らない（十分に正しいが）、と言っているうちにはっと気づけば、この国の男と女のありようは救いがたいところまで損なわれてしまったのではないか。セクシャル・マイノリティーは、男と女の関係がマジョリティーとして機能しているからこそ、議論を深めていくこともできる。いまや、マジョリティーであるはずの、生殖を担保しているはずの男と女の関わりはどんどん希薄になり、結婚はおろかパートナーのいない男女も多く、パートナーがいてもセックスレスに陥っているカップルもあまりに多く、自然な出産どころか自然な妊娠もおぼつかないような状況になっていることに、なんとか切り込んでいかねばならない。女の「働き」と「祈り」は、男によって抱きとめられることにこそ担保されている。女の愛する力、愛される力をとりもどすための、何らかの仕事をしていきたい、と、この本を書き終えて考えているし、男と女の世界にこそ、踏み込んでいかねばならないのではないか、とも考えている。

各章は、「生の原基としての母性」というタイトルで、藤原書店の季刊学芸総合誌『環』に連載された。「生の原基」とは、この本の冒頭に書いた渡辺京二氏の言葉である。渡辺さんは、連載を始めるにあたり、どのような内容になるかもまだ明確ではない時に、この言葉を使うことをご快諾下さった。編集部の山﨑優子さんには連載ごとにご迷惑をおかけしたというのに、本になる最後までいやな顔ひとつせずていねいにおつきあい下さった。藤原書店社長の藤原良雄さんには終始変わらぬ励ましをいただいた。皆様のかけてくださった思いにこたえるにはあまりにも心許ないことだらけなのであるが、ただ、深く感謝している。とても全員のお名前を記せないが、この本に関わってくださった皆様、ありがとうございました。

注、引用文献

I　子どもを産む

第1章　出産の場にたちあがるもの

（1）三砂ちづる・竹原健二・嶋根卓也・野村真利香「母娘関係尺度作成の試み」、『民族衛生』七二（四）、一五三―一五九頁、二〇〇六
（2）江原由美子「制度としての母性」、『新編　日本のフェミニズム　五　母性』岩波書店、二〇〇九
（3）上野千鶴子『ケアの社会学』太田出版、二〇一一
（4）『心に残る藤原書店の本』藤原書店、二〇一〇
（5）イバン・イリイチ『生きる意味』藤原書店、二〇〇五
（6）イバン・イリイチ『生きる希望』藤原書店、二〇〇六
（7）東京、矢島助産院のノートより
（8）神戸、毛利助産所のノートより
（9）東京、矢島助産院のノートより
（10）京都、あゆみ助産院、お産のノートより

第2章　〝豊かな出産経験〟――科学的根拠の可能性と限界

（1）松島京「出産の医療化と「いいお産」――個別化される出産体験と身体の社会的統制」、『立命館人間科学研究』一一、一四七―一五九頁、二〇〇六
（2）厚生労働省「健やか親子21」

（3）社団法人日本小児保健協会「平成十二年度幼児健康度調査報告書」二〇〇一
（4）常盤洋子・國清恭子「出産体験の自己評価に関する研究のレビュー」、『北関東医学会誌』五六、二九五—三〇二頁、二〇〇六
（5）Harvey S, Rach D, Stainton MC, Jarrell J, Brant R. *Evaluation of satisfaction with midwifery care.* Midwifery, 18, 260-267, 2002.
（6）厚生労働省「健やか親子21　中間評価報告書」二〇〇六
（7）野口真貴子「女性に肯定される助産所出産体験と知覚知」、『日本助産学会誌』一五（二）、七—一四頁、二〇〇二
（8）長谷川文・村上明美「出産する女性が満足できるお産——助産所の出産体験ノートからの分析」、『母性衛生』四五（四）、四八九—四九五頁、二〇〇五
（9）鈴木敬子・大町寛子・水谷幸子他「女性が出産に望むこと——助産所での調査より」、『母性衛生』四四（一）、九八—一〇四頁、二〇〇三
（10）財団法人子ども未来財団「平成十九年度財団法人子ども未来財団児童関連サービス調査研究等事業報告書」二〇〇八
（11）竹原健二・野口真貴子・嶋根卓也他「助産所と産院における出産体験に関する量的研究—— "豊かな出産体験" とはどういうものか？」、『母性衛生』四九（二）、二七五—二八五頁、二〇〇八
（12）竹原健二・野口真貴子・嶋根卓也他「出産体験尺度作成の試み」、『民族衛生』七三（六）、二一一—二二四頁、二〇〇七
（13）竹原健二・野口真貴子・嶋根卓也・三砂ちづる「出産体験の決定因子——出産体験を高める要因は何か？」、『母性衛生』五〇（二）、三六〇—三七二頁、二〇〇九
（14）竹原健二・野口真貴子・佐々木由理・嶋根卓也・三砂ちづる「助産所で出産した女性の母乳育児の継続状況」、『助産雑誌』六四（三）、二四六—二五一頁、二〇一〇
（15）竹原健二・野口真貴子・嶋根卓也・三砂ちづる「出産体験がその後の女性に及ぼす心理的な影響」、『日

本公衆衛生学会誌』五六（五）、三一二―三二一頁、二〇〇九

＊文中の研究は、平成一三年度厚生労働科学子ども家庭総合研究事業「妊娠、出産状況がＡＤＨＤの発症に及ぼす影響――バースコホート研究デザイン」（主任研究者・小林秀資）および、平成十四～十七年度厚生労働科学特別研究事業「妊娠、出産状況がその後の母子の健康に与える影響に関する研究」（主任研究者・三砂ちづる）、平成十九年度財団法人子ども未来財団児童関連サービス調査研究等事業「妊娠出産の状況が母子関係に与える影響に関する調査研究」（主任研究者・三砂ちづる）の一環として行われた。

第3章　日本の開業助産所は何をするところか

（1）鈴木敬子他「女性が出産に望むこと――助産所での調査」、『母性衛生』四四（一）、九八―一〇四頁、二〇〇三

（2）比嘉京美「開業助産婦の取り組み」、『母性衛生』四三（二）、二三三―二三五頁、二〇〇三

（3）落合富美江「助産所の分娩実態調査」、『母性衛生』三九（四）、三〇八―三一四頁、一九九八

（4）篦伊久美子「妊婦の主体的な出産に関する意識調査」、『母性衛生』四三（一）、一七八―一八七頁、二〇〇二

（5）二川香里他「妊産褥婦の主体的な取り組み」、『母性衛生』四六（二）、二五七―二六六頁、二〇〇五

（6）蛭田由美他「病院と助産所における妊産婦ケアの実態――ＷＨＯの「正常出産ケア実践ガイド」中のカテゴリーＡ（明らかに有効で役に立つ、推奨されるべきこと）を用いた調査から」、『助産婦雑誌』五六（四）、三三九―三四四頁、二〇〇二

（7）蛭田由美他「病院と助産所における妊産婦ケアの実態（下）――ＷＨＯの「正常出産ケア実践ガイド」中のカテゴリーＢ、Ｃ、Ｄを用いた調査から」、『助産婦雑誌』五六（五）、四二一―四二四頁、二〇〇二

（8）WHO Geneva. “Care in normal birth: a practice guide”. WHO, 1996.

（9）戸田律子訳『ＷＨＯの59カ条のお産のケア実践ガイド』東京、農山漁村文化協会、一九九七

（10）野口恭子他「わが国の病院における妊産婦ケアの実状　ＷＨＯ「正常分娩ケア　実践ガイド」の項目から」、

(11)『母性衛生』四六（一）、三四―四五頁、二〇〇五
(12)三砂ちづる他「日本の赤ちゃんは出産後に母子同室で過ごせているか――産婦人科医と助産師を対象とした横断研究より」、『母性衛生』四七（二）、四四八―四五四頁、二〇〇六
(13)岩谷澄香他「わが国の産科を有する病院における“Care in normal birth: a practical guide”の実践状況と改善点」、『母性衛生』四六（四）、六六六―六七三頁、二〇〇六
(14)柴田眞理子他「快適な妊娠・出産を支援する基盤整備に関する研究――助産師を対象として」、『母性衛生』四六（二）、三七四―三八三頁、二〇〇五
(15)戸田律子「助産所と病産院との協働体制をあたりまえの姿に」、『母性衛生』四六（一）、二〇―二三頁、二〇〇五
(16)竹原健二・北村菜穂子・吉朝加奈・三砂ちづる・小山内泰代・岡本公一・箕浦茂樹「助産所で妊婦に対して実施されているケアに関する質的研究――助産所のケアの本質とはどういうものか」、『母性衛生』五〇（一）、一九〇―一九八頁、二〇〇九
(17)竹原健二・岡本（北村）菜穂子・三砂ちづる「助産所とはどういうところか？――公衆衛生の役割、という視点から」、『公衆衛生』七三（一〇）、七六二―七六七頁、二〇〇九
(18)中村安秀他「戦後日本の健康水準の改善経験を途上国保健医療システム強化に活用する方策に関する研究」厚生労働科学研究社会保障子国際協力推進研究事業、二〇〇五
(19)中村安秀他「戦後の日本の経験を国際協力に活用する」、『公衆衛生』六九（七）、五六一―五六八頁、二〇〇五
(20)平野かよ子「これからの保健師――日本の保健師のあゆみ」、『からだの科学』日本評論社、二二一―二七頁、二〇〇六
丸山博「保健婦とともに」、『公衆衛生』二一（八）、一九五七

II　〝生殖〟のからだを生きる

第4章　母乳哺育

（1）"Breastfeeding" Maternal, newborn, child and adolescent health programme, World Health Organization. http://www.who.int/maternal_child_adolescent/topics/child/nutrition/breastfeeding/en/（二〇一四年六月二十六日）
（2）ベルン第三世界グループ編集『ネッスルは赤ちゃんの敵?』羅門三郎訳、文人社、一九八二
（3）三砂ちづる・竹原健二・岡井崇・戸田律子・北井啓勝・林公一・柴田眞理子・尾島俊之・阿相栄子・中村好一「日本の赤ちゃんは出産後に母子同室で過ごせているか——産婦人科医と助産師を対象とした横断研究より」、『母性衛生』四七（二）、四四八—四五四頁、二〇〇六

第5章　「母性保健」と「科学的根拠」——ＡＭＴＳＬを例として

（1）WHO "Managing complications in pregnancy and childbirth", 2000, Geneva.
（2）WHO "Care in Normal Birth", 1996, Geneva.
（3）Cochrane Systematic Review "Active versus expectant management in the third stage of labour", Issued in 8 March 2000.
（4）WHO "Managing complications in pregnancy and childbirth ", 2000, Geneva.
（5）WHO "Prevention of Postpartum Haemorrhage by Active Management of Third Stage of Labour", 2006, Geneva.
（6）WHO Reproductive Health library, 2009, Geneva.

第6章　「リスクと不安」から考える

（1）S・ザマスキ「リスクと不安——情報に基づいた意思決定という神話」三砂ちづる訳、『環』二〇号、藤

原書店、二〇〇五年一月
（2）マクウィニー『家庭医療学　上』葛西龍樹訳、ぱーそん書房、二〇一三
（3）三砂ちづる『昔の女性はできていた——忘れられている女性の身体に〝在る〟力』宝島社、二〇〇四（のち文庫化）

第7章　妊娠中絶

（1）Fonseca W, Alencar AJ, Mota FS and Coelho HL: Misoprostol and Congenital Malformation. *Lancet.* 1991 Jul 6; 338 (8758) : 56.
（2）Fonseca W, Alencar AJC, Pereira RMM, Misago C: Congenital malformation of the scalp and cranium after failed first trimester abortion attempt. *Clinical Dysmorphology.* 2: 76-80, 1993.
（3）Coelho HLL, Misago C, Fonseca WVC, Sousa DSC and Araujo JML: Selling abortifacients over the counter in pharmacies in Fortaleza, Brazil. *Lancet* 338: 274, 1991.
（4）Nations MK, MISAGO C, Fonseca W, Correia LL and Campbell OM: Women's hidden transcripts about abortion in Brazil. *Social Science and Medicine* 44（12）: 1833-1845, 1997.
（5）国分拓『ヤノマミ』ＮＨＫ出版、二〇一〇

Ⅲ　女の朝夕から

第8章　三歳児神話と軒遊びの喪失

（1）小沢牧子「乳幼児政策と母子関係心理学——作られる母性意識の点検を軸に」、『臨床心理学研究』第二六巻第三号、二二—三六頁、一九八九
（2）大日向雅美『母性愛神話の罠』日本評論社、二〇〇〇
（3）M・H・クラウス、J・H・ケネル『母と子のきずな——母子関係の原点を探る』竹内徹・柏木哲雄訳、

医学書院、一九七九

(4)M・クライン『羨望と感謝——無意識の源泉について』松本善男訳、みすず書房、一九七五

(5)D・W・ウィニコット『情緒発達の精神分析理論——自我の芽生えと母なるもの』牛島定信訳、岩崎学術出版社、二〇〇〇(初出は一九七七)

(6)厚生省『厚生白書』平成十年度版(一九九八)、第四節「親子」

(7)河端かほり「〝三歳児神話〟——ネーミングの力とその影響」二〇一一年度津田塾大学多文化国際協力コース フィールドワーク報告卒業論文、二〇一二

(8)柳田国男『分類児童語彙』丸山久子改訂、図書刊行会、一九八七

(9)吉本隆明・芹沢俊介『幼年論——21世紀の対幻想について』彩流社、二〇〇五

*資料収集協力—津田塾大学国際関係学研究科 須藤茉衣子

第9章 「排泄」に応えることから

(1)吉本隆明・芹沢俊介『幼年論——21世紀の対幻想について』彩流社、二〇〇五

(2)三砂ちづる編著『赤ちゃんにおむつはいらない——失われた育児技法を求めて』勁草書房、二〇〇九

第10章 家庭内業績主義

(1)吉朝加奈「働く女性の妊娠と出産」津田塾大学国際関係学研究科修士論文、二〇〇九

(2)吉朝加奈「日本における働く女性の〝保護〟規定——一九一一年〜一九九九年の変遷」、津田塾大学『国際関係学研究』No.三六、一二七〜一三九頁、二〇一〇

(3)江原由美子「フェミニズム理論への招待」、『わかりたいあなたのためのフェミニズム・入門』別冊宝島編集部編、JICC出版局、一九八八

祈りと家事の日常——あとがきにかえて

（1）『森崎和江コレクション　精神史の旅』「4　漂泊」一〇七—一二六頁「川でふろして」、藤原書店、二〇〇九

（2）『森崎和江コレクション　精神史の旅』「4　漂泊」九〇—一二五頁「髪を洗う日」、藤原書店、二〇〇九

著者紹介

三砂ちづる（みさご・ちづる）

1958年生。津田塾大学国際関係学科教授。京都薬科大学卒、ロンドン大学Ph.D.（疫学）。ロンドン大学衛生熱帯医学院研究員、JICA疫学専門家として約15年ブラジル等で研究と国際協力活動。

著書に『女を生きる覚悟』（KADOKAWA中経出版）『昔の女性はできていた』（宝島社）『きものは、からだにとてもいい』『抱きしめられたかったあなたへ』（講談社＋α文庫）『オニババ化する女たち』（光文社）『太陽と月の物語』（春秋社）『月の小屋』（毎日新聞社）『不機嫌な夫婦』（朝日新聞出版）『五感を育てるおむつなし育児』（主婦の友社）他、共著に『歴史と記憶』（赤坂憲雄・玉野井麻利子と、藤原書店）他、訳書にフレイレ『被抑圧者の教育学』（亜紀書房）他。

女《おんな》が女《おんな》になること

2015年 8月30日　初版第1刷発行©

著　者　三砂ちづる

発行者　藤原良雄

発行所　株式会社 藤原書店

〒162-0041　東京都新宿区早稲田鶴巻町523

電　話　03（5272）0301

FAX　03（5272）0450

振　替　00160-4-17013

info@fujiwara-shoten.co.jp

印刷・製本　中央精版印刷

落丁本・乱丁本はお取替えいたします
定価はカバーに表示してあります

Printed in Japan
ISBN978-4-86578-037-6

現代文明の根源を問い続けた思想家

イバン・イリイチ

（1926-2002）

1960 ～ 70 年代、教育・医療・交通など産業社会の強烈な批判者として一世を風靡するが、その後、文字文化、技術、教会制度など、近代を近代たらしめるものの根源を追って「歴史」へと方向を転じる。現代社会の根底にある問題を見据えつつ、「希望」を語り続けたイリイチの最晩年の思想とは。

一九八〇年代のイリイチの集成

新版 生きる思想
（反＝教育／技術／生命）

I・イリイチ
桜井直文監訳

コンピューター、教育依存、健康崇拝、環境危機……現代社会に噴出している全ての問題を、西欧文明全体を見通す視点からラディカルに問い続けてきたイリイチの、一九八〇年代末発表草稿を集成した『生きる思想』を、読者待望の新版として刊行。

四六並製　三八〇頁　二九〇〇円
（一九九一年一〇月／一九九九年四月刊）
◇978-4-89434-131-9

初めて語り下ろす自身の思想の集大成

生きる意味
（「システム」「責任」「生命」への批判）

I・イリイチ
D・ケイリー編　高島和哉訳

一九六〇～七〇年代における現代産業社会への鋭い警鐘から、八〇年代以降、一転して「歴史」の仕事に沈潜したイリイチ。無力さに踏みとどまりながら、「今を生きる」ことへ――自らの仕事と思想の全てを初めて語り下ろした集大成の書。

四六上製　四六四頁　三三〇〇円
（二〇〇五年九月刊）
◇978-4-89434-471-6

IVAN ILLICH IN CONVERSATION
Ivan ILLICH

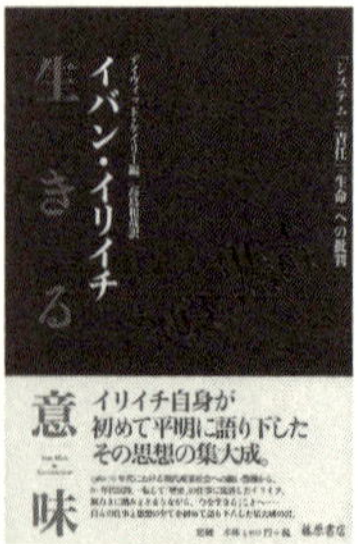

「未来」などない、あるのは「希望」だけだ

生きる希望
（イバン・イリイチの遺言）

I・イリイチ
D・ケイリー編　臼井隆一郎訳

「最善の堕落は最悪である」――教育・医療・交通など「善」から発したものが制度化し、自律を欠いた依存へと転化する歴史を通じて、キリスト教－西欧－近代を批判、尚そこに「今・ここ」の生を回復する唯一の可能性を探る。

［序］Ch・テイラー

四六上製　四一六頁　三六〇〇円
（二〇〇六年一二月刊）
◇978-4-89434-549-2

THE RIVERS NORTH OF THE FUTURE
Ivan ILLICH

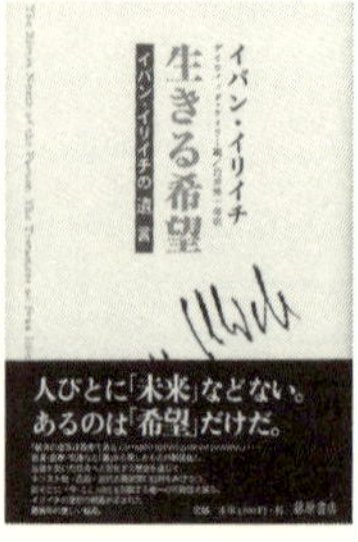

メディア論の古典

声の文化と文字の文化

W－J・オング
桜井直文・林正寛・糟谷啓介訳

声の文化から、文字文化―印刷文化―電子的コミュニケーション文化を捉え返す初の試み。あの「文学部唯野教授」や、マクルーハンにも多大な影響を与えた名著。「書く技術」は、人間の思考と社会構造をどのように変えるのかを魅力的に呈示する。

四六上製　四〇八頁　**四一〇〇円**
（一九九一年一〇月刊）
◇978-4-938661-36-6
ORALITY AND LITERACY　Walter J. ONG

日常を侵食する便利で空虚なことば

プラスチック・ワード
（歴史を喪失したことばの蔓延）

U・ペルクゼン
糟谷啓介訳

「発展」「コミュニケーション」「近代化」「情報」など、ブロックのように自由に組み合わせて、一見意味ありげな文を製造できることば。メディアの言説から日常会話にまで侵入することばの不気味な蔓延を指摘した話題の書。

四六上製　二四〇頁　**二八〇〇円**
（二〇〇七年九月刊）
◇978-4-89434-594-2
PLASTIKWÖRTER　Uwe PÖRKSEN

初の身体イメージの歴史

新版 女の皮膚の下
（十八世紀のある医師とその患者たち）

B・ドゥーデン
井上茂子訳

十八世紀ドイツでは男にも月経があった!?　われわれが科学的事実、生理学的自然だと信じている人間の身体イメージは歴史的な産物であることを、二五〇年前の女性患者の記録が明かす。「皮膚の下の歴史」から近代的身体観を問い直すユニークな試み。

A５並製　三二八頁　**二八〇〇円**
（一九九四年一〇月／二〇〇一年一〇月刊）
◇978-4-89434-258-3
GESCHICHTE UNTER DER HAUT　Barbara DUDEN

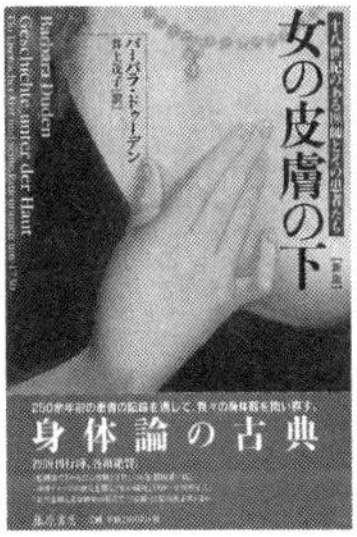

初のクルマと人の関係史

自動車への愛
（二十世紀の願望の歴史）

W・ザックス
土合文夫・福本義憲訳

豊富な図版資料と文献資料を縦横に編み自動車の世紀を振り返る、初の本格的なクルマと人の関係史。時空間の征服と社会的ステイタスを〈個人〉に約束したはずの自動車の誕生からその死までを活写する、文明批評の傑作。

四六上製　四〇八頁　**三六八九円**
（一九九五年九月刊）
品切◇978-4-89434-023-7
DIE LIEBE ZUM AUTOMOBIL　Wolfgang SACHS

〝型〟を喪失した現在のキミたちへ

改訂新版
形の発見
内田義彦

著作集未収録作品を中心に編まれた最後の作品集『形の発見』(一九九二年)から二〇余年、全面的に改訂をほどこした決定版。「型は型で別に教えておいて、その形を生かす内容追求は穴をあけておく。教えないで自発に待つわけだ。内容を掘り下げ掘り下げ掘り起こす作業のなかで、教えられた型がピタリと決まってくる。型を想念の中心に置きながら内容を理解していく」。

四六変上製　三九二頁　**二八〇〇円**
(一九九二年九月/二〇一三年一一月刊)
◇978-4-89434-944-5

社会を見る眼を育ててくれる必読書

新装版
生きること　学ぶこと
内田義彦

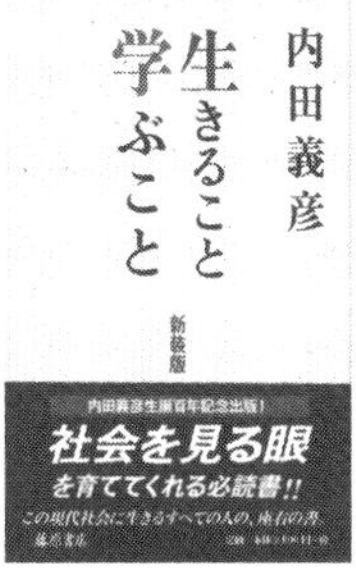

この現代社会に生きるすべての人の、座右の書。「私は、自分の眼を働かせるといっても、その眼の中に社会科学が入っていないと――つまり、学問をおよそ欠いた日常の眼だけでは――本当に世の中は見えて来ないと思う」。「専門の学をきたえながら、きたえ直した「自分」は、自分を賭けて難局をきり開いてゆく根底となってくれる」。

四六変並製　二八〇頁　**二〇〇〇円**
(二〇一三年一一月刊)
◇978-4-89434-945-2

内田義彦の全体像、その現代性

内田義彦の世界
〈生命・芸術そして学問〉

藤原書店編集部編

『資本論の世界』『経済学の生誕』で知られる経済学者、そして『学問への散策』等のやさしく深い文章で、学問は一人一人が「生きる」こととつながる、と砦に閉じこもる学界を解放した、稀有な思想家の実像に迫る。

中村桂子/三砂ちづる/山田鋭夫/内田純一/片山善博/竹内洋/田中秀臣/宇野重規/野間宏/天野祐吉ほか

A5並製　三三六頁　**三二〇〇円**
(二〇一四年三月刊)
◇978-4-89434-959-9

哲学者と演出家の対話

からだ＝魂のドラマ

（「生きる力」がめざめるために）

林竹二・竹内敏晴
竹内敏晴編

「『竹内さんの言う〝からだ〟はソクラテスの言う〝魂〟とほとんど同じですね』（林竹二）の意味を問いつめたくてこの本を編んだ。」（竹内敏晴）子供達が深い集中を示した林竹二の授業の本質に切り込む、珠玉の対話。

四六上製　二八八頁　**二二〇〇円**
（二〇〇三年七月刊）
◇978-4-89434-348-1

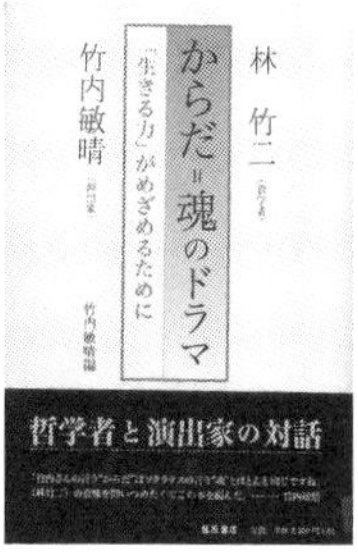

「人に出会う」とはなにか

「出会う」ということ

竹内敏晴

社会的な・日常的な・表面的な付き合いよりもっと深いところで、なまじかな〝あなた〟と出会いたい――自分のからだの中で本当に動いているものを見つめながら相手の存在を受けとめようとする「出会いのレッスン」の場から、〝あなた〟に出会うためのバイエル。

Ｂ６変上製　二三二頁　**二二〇〇円**
（二〇〇九年一〇月刊）
◇978-4-89434-711-3

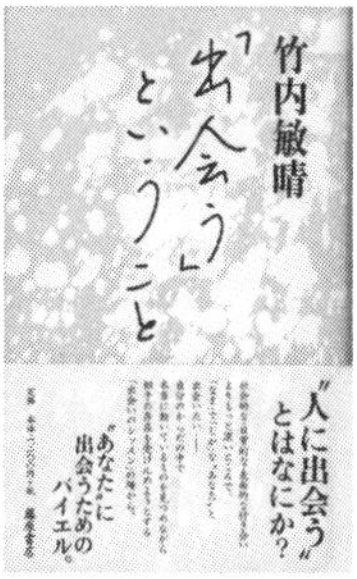

〝からだ〟から問い直してきた戦後日本

レッスンする人

（語り下ろし自伝）

竹内敏晴
今野哲男＝編集協力

「からだとことばのレッスン」を通じて、人と人との真の出会いのあり方を探究した、演出家・竹内敏晴（一九二五―二〇〇九）。名著『ことばが劈かれるとき』の著者が、死の直前の約三か月間に語り下ろした、その〝からだ〟の稀有な来歴。

四六上製　二九六頁　**口絵四頁**　**二五〇〇円**
（二〇一〇年九月刊）
◇978-4-89434-760-1

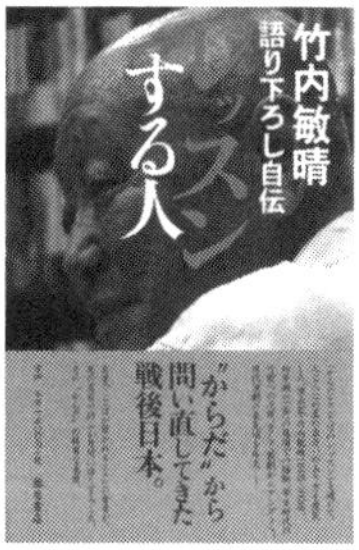

東西の歴史学の巨人との対話

民俗学と歴史学
〈網野善彦、アラン・コルバンとの対話〉

赤坂憲雄

歴史学の枠組みを常に問い直し、人々の生に迫ろうとしてきた網野善彦とコルバン。民俗学から「東北学」へと歩みを進めるなかで、一人ひとりの人間の実践と歴史との接点に眼を向けてきた著者と、東西の巨人との間に奇跡的に成立した、「歴史学」と「民俗学」の相互越境を目指す対話の記録。

四六上製　二四〇頁　**二八〇〇円**
（二〇〇七年一月刊）
◇978-4-89434-554-6

柳田国男は世界でどう受け止められているか

世界の中の柳田国男

R・A・モース＋赤坂憲雄編
菅原克也監訳　伊藤由紀・中井真木訳

歴史学・文学・思想など多様な切り口から柳田国男に迫った、海外における第一線の研究を精選。〈近代〉に直面した日本の社会変動をつぶさに書き留めた柳田の業績とその創始した民俗学の二十一世紀における意義を、世界の目を通してとらえ直す画期的論集。

Ａ５上製　三三六頁　**四六〇〇円**
（二〇一二年一一月刊）
◇978-4-89434-882-0

「歴史学」が明かしえない「記憶」の継承

歴史と記憶
〈場所・身体・時間〉

赤坂憲雄・玉野井麻利子・三砂ちづる

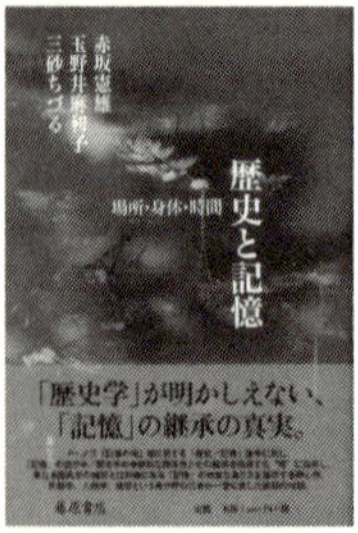

P・ノラ『記憶の場』等に発する「歴史／記憶」論争に対し、「記憶」の語り手／聞き手の奇跡的な関係性とその継承を担保する〝場〟に注目し、単なる国民史の補完とは対極にある「記憶」の独自なあり方を提示する野心作。民俗学、人類学、疫学という異分野の三者が一堂に会した画期的対話。

四六上製　二〇八頁　**二〇〇〇円**
（二〇〇八年四月刊）
◇978-4-89434-618-5

〈地方〉は記憶をいかに取り戻せるか？

幻の野蒜《のびる》築港
〈明治初頭、東北開発の夢〉

西脇千瀬

明治初期、宮城県・石巻湾岸の漁村、野蒜を湧かせた、国際貿易港計画とその挫折。忘却あるいは喪失された往時の実情を、新聞史料から丁寧に再構築し、開発と近代化の渦中を生きた人びとを活写、東日本大震災以降いっそう露わになった、〈地方〉の疲弊に対して、喪われた「土地の記憶」の回復がもたらす可能性を問う。

第７回「河上肇賞」本賞受賞

四六上製　二五六頁　**二八〇〇円**
（二〇一二年一一月刊）
◇978-4-89434-892-9